edition suhrkamp 2752

»Der Wert eines Gedichts steigt im Winter / Vor allem in einem harten Winter. / Vor allem in einer leisen Sprache. / Vor allem in unberechenbaren / Zeiten.«

Was kann und soll die Literatur, wenn Krieg ist? Auf welche Sprache greifen die Dichter zurück? Taugen ihre Instrumente, um dem zum Ausdruck zu verhelfen, »was Angst macht«? Seit vor sechs Jahren die Kämpfe in der Ostukraine begannen, hat Serhij Zhadan in unzähligen Auftritten seinen Mitbürgern Mut gemacht, ihre Resilienz gestärkt und sich mit sozialen Projekten engagiert. Er, der populärste ukrainische Schriftsteller, hat keine existentielle Herausforderung gescheut, um sich eine starke lyrische Stimme zu erarbeiten, die in langen, songhaften Gedichten das vermeintlich Unsagbare in rätselhaft schöne Bilder fasst. In seinem neuen Buch gedenkt er seines verstorbenen Vaters, er findet einen Ton, um über die Unvermeidlichkeit des Todes und den Schmerz der Liebe zu sprechen und über die Trauer, die auch hell sein kann, weil sie uns auf einen verborgenen Sinn verweist.

Serhij Zhadan, 1974 im Gebiet Luhansk/Ostukraine geboren, publizierte zahlreiche Gedicht- und Prosabände und wurde für sein Werk auch mit internationalen Preisen ausgezeichnet. Zuletzt erschien der Roman *Internat* (2018).

Serhij Zhadan

Antenne

Gedichte

Aus dem Ukrainischen von Claudia Dathe

Suhrkamp

Der Band wurde vom Autor für den Suhrkamp Verlag zusammengestellt.
Die Originalausgaben sind u. d. T. *Antena* (2018) und *Spysok korabliv. Novi virši 2018-2019* (2020) im Verlag Meridian Czernowitz erschienen.

Klimaneutral
Druckprodukt
ClimatePartner.com/14438-2110-1001

3. Auflage 2022

Erste Auflage 2020
edition suhrkamp 2752

Satz: Satz-Offizin Hümmer GmbH, Waldbüttelbrunn
Druck: C.H. Beck, Nördlingen
Umschlag gestaltet nach einem Konzept von
Willy Fleckhaus: Rolf Staudt
Printed in Germany
ISBN 3-518-12752-0

www.suhrkamp.de

Antenne

Das Telefonverzeichnis der Toten

1

In den Morgenstunden rief mein Neffe an. Jemand ist gestorben, war mein erster Gedanke, als ich die vertraute Nummer aufleuchten sah, es muss jemand gestorben sein. Sonst würde Igor doch nicht mitten in der Nacht anrufen. Doch wer? Vater oder Mutter? Ein paar Sekunden nur. Ein paar Sekunden, um sich auf das Schlimmste gefasst zu machen. Aber was war in diesem Fall eigentlich das Schlimmste?

Mein Vater hatte Tagebuch geführt. Irgendwann Ende der Nullerjahre hatte ich das mitbekommen. Und mich gewundert: Dass mein Vater Tagebuch führte, hatte mich mehr als erstaunt. Er las keine Bücher (auch meine nicht), schrieb keine Briefe und war natürlich auch nicht in sozialen Netzwerken aktiv. Soziale Netzwerke? Vollkommen abwegig, er besaß ein altes Nokia und sprach so laut hinein, dass er sich das Telefonat im Grunde genommen hätte sparen können. Zumindest für die Gespräche mit den Nachbarn. Aber er las Zeitung. Schon seit Sowjetzeiten. Jeden Tag kaufte er sich irgendein Boulevardblatt, las es von vorn bis hinten durch und legte es in eine Schublade. Wenn ich zu Besuch kam, las ich in seinen zehn Jahre alten Zeitungen. Auch so eine Art Tagebuch. Ein trauriges Tagebuch der abgerissenen Kommunikationen, Zeitungspoesie aus Politik und Kreuzworträtseln. Aber ein Tagebuch? Wieso, warum?

Seine Einträge machte er auf Notizblöcken. Die er nicht geheim hielt. Im Gegenteil, bereitwillig schob er einem die Notizen zu und gewährte Einblick. Merkwürdige Aufzeichnungen waren das. Geschrieben von einem Menschen, der in seinem Leben so gut wie nie einen Stift in die Hand nahm. Die Schrift eines Menschen, der sich überhaupt keine Gedanken über seine Handschrift machte. So eine Art Chronik der vergehenden Zeit im engeren Umfeld, ein Festhalten vertrauter Details – wo er gewesen war, was er gesehen, gehört hatte, wofür er sein Geld ausgegeben, wer ihn angerufen hatte. Er notierte alle Geldbeträge, die ich ihm gab (was mich sehr beeindruckte), vermerkte die Lufttemperatur. Trockene, kühle Fakten. Wenig Bewertungen, ein Minimum an Gefühlen. Als wollte er etwas sagen und traute sich nicht.

Das Schreiben verrät uns, es personifiziert uns. Aber es entpersönlicht uns auch. Wenn wir keine Erfahrung haben und nicht richtig damit umgehen, uns das Schreiben nicht dienstbar machen können, verlieren wir einfach unsere Intonation, verlieren wir unsere Stimme, wir fabrizieren Buchstaben, fügen sie zu Wörtern, bilden daraus Sätze, bilanzieren die Zeit, die bis auf das Wetter keine Anhaltspunkte bietet. Und so tappte auch mein Vater, als er sich ans Schreiben machte, in diese Falle und wusste nicht, wie er sich befreien sollte – er versuchte, über Wichtiges zu sprechen, versuchte, das Wesentliche festzuhalten, schrieb über uns alle mit einer fremden Schrift, der Schrift eines uns unbekannten Menschen.

Es kommt recht häufig vor, dass Menschen, die sich im normalen Leben ihrer Alltagssprache bedienen, Menschen, die Sicherheit oder Zweifel, Freude oder Verzweiflung empfinden, Menschen ohne »flotte Schreibe« plötzlich in einen gestelzten Ton verfallen, wenn sie sich vornehmen, jemandem brieflich etwas mitzuteilen. Sie schreiben so, wie sie sich den Brief vorstellen – in einer farblosen toten Sprache unter Verwendung ungebräuchlicher Wörter und unnützer Wendungen. Schreiben ist wie ein Fluss – längst nicht jeder, der ins Wasser steigt, macht eine gute Figur.

In seinen Tagebüchern war mein Vater ungewohnt wehrlos. Der Versuch, über wichtige Dinge zu schreiben, gab sofort all seine wunden Punkte preis. Die wunden Punkte waren natürlich wir alle. Er hat uns geliebt, sich Sorgen um uns gemacht, uns gedankt. All das in einer trockenen, ungelenken, irgendwie buchhalterischen Sprache, die trotz allem seine Gefühle verriet – Gefühle von Zärtlichkeit und Sorge, die er im normalen Leben nie gezeigt hätte. Ich musste seine Einträge zum Wetter lesen, um zu verstehen, wie wichtig wir ihm waren. Die große Magie des Schreibens besteht darin, selbst mit Zahlen Freude und Trauer ausdrücken zu können.

Es war Weihnachten. Die Nacht war lang und feucht. Ich wollte mich einfach wieder hinlegen und weiterschlafen. Um wenigstens eine Weile nicht daran denken zu müssen. Das tat ich auch – ich schaltete das Telefon aus und versank im Dunkel. Irgendwann wachte ich auf, und sofort fiel mir ein, dass er gestorben war. Hätte ich lieber nicht geschlafen, dachte ich, dann wäre mir das Erinnern erspart geblieben.

2

Diese Angewohnheit schon als Kind: über alles zu schreiben, was ich sehe, über alles, woran mein Auge hängenbleibt. Das Auge ist nötig, um hängenzubleiben. Du beobachtest die menschliche Welt wie der Kinderarzt die Knirpse im Park – mit Liebe und mit der Bereitschaft, eine Diagnose zu stellen. Ist das schlimm? Ja, auf jeden Fall. Wieso eigentlich? Nein, natürlich nicht.

Das ist der Reiz des Schreibens: die Welt wie einen potenziellen Text zu behandeln, sie als Material zu nutzen, sich abzugrenzen, herauszutreten. Du kannst über alles Mögliche schreiben, die Literatur lässt dich gewähren, ohne etwas von dir zu fordern. Die Poesie des Lebens ist identisch mit der Poesie des Todes. Die Stimmen der Menschen werden zu den Stimmen der Figuren. Es ist eine merkwürdige Beschäftigung, auf die Jagd nach Intonationen zu gehen, indem du aus der fremden Rede einzelne, besonders markante Wörter zu filtern versuchst, ihnen nachjagst wie ein Vogelfänger und in dieser ganzen dissonanten Vielstimmigkeit die Anfänge des großen Gesangs ortest, der die Fundamente der Weltordnung, die Laufbahn der Sonne und die Mechanik des Sterbens erklärt, ein Gesang, der den Tod vielleicht nicht rechtfertigt, aber immerhin lehrt, ihn anzunehmen.

Wir setzen ja im Grunde all unsere literarischen Mittel ein, um zu lernen, wie wir über das sprechen, was uns am meisten Angst macht. Die Literatur lässt uns Synonyme finden für die schlimmsten Dinge und macht sie dadurch ein wenig erträglicher, ein wenig verständlicher. Indem wir unsere Schmerzen und Ängste benennen, zähmen wir sie, domestizieren wir sie und wagen uns in ihre Nähe. Das Unvermeidliche bleibt unvermeidlich, aber dank der Versprachlichung, dank des Aussprechens können wir Bitterkeit und Trauer zulassen. Und Trauer, die kann ja auch hell sein, sie kann auf etwas verweisen, zum Beispiel darauf, dass gar nicht alles so schlecht ist und dass in allem, was passiert, ein verborgener Sinn liegt, dass es für alles eine Rechtfertigung oder doch zumindest eine Erklärung gibt.

Im Schreiben kannst du Dinge vermitteln, die sich mit gewöhnlichen Worten nicht fassen lassen, du kannst die kleinsten Lichtblitze des kindlichen Gedächtnisses einfangen, kannst diese »normalen« Wörter fallenlassen, die nichts transportieren, die angesichts aller Rätsel und Geheimnisse des Lebens die Kraftlosigkeit deiner banalen Alltagssprache zeigen. Womit fängt das alles an? Mit dem intuitiven Erspüren, welchen Schwankungen die Sprache unterliegt, mit dem Empfinden, wie die Intensität des Redeflusses sich ändert, wie die Sprache zusammengepresst wird und zerfällt, wie sie schneller und langsamer, dicht oder durchlässig wird, je nachdem, wovon du sprichst. Die Erkenntnis, dass die Sprache, mit der du über einen Baum im Frühling sprichst, eine völlig andere ist als die, mit der du über einen Baum im Herbst sprichst. Die Erkenntnis, dass von diesem Unterschied alles abhängt – dein Zeitempfinden, deine Raumwahrnehmung, deine Satzmelodie.

Der ständige Wunsch, die eigene Begeisterung zu teilen, er ist es, der dich zwingt, nach Wörtern zu suchen, sie umzustellen, Wörter zu plündern wie Vogelnester, sie zu schütteln, sie auf den Kopf zu stellen. Alles beginnt mit Begeisterung, damit, dass du dich verschluckst, wenn du die Geschichten der Alten hörst, diese Geschichten später mit Gleichaltrigen teilst, mit den Geschichten lebst, aufwächst, von ihnen geformt wirst. Die Begeisterung für Farben und Düfte, für Gegenstände und Stimmen, für Wetter- und Stimmungsumschwünge. Die Begeisterung für die Ordnung dieser Welt, für ihre Unvollkommenheit, Offenheit und Tiefe. Die Begeisterung dafür, wie leicht vor deinen Augen Tag und Nacht, Sonne und Mond, Eifer und Ermüdung wechseln. Die Begeisterung dafür, dass du inmitten dieser Bäume, inmitten dieser Männer und Frauen, inmitten der Dämonen, inmitten der Beschützer lebst. Eine Begeisterung, die dir einfach die Lungen zerreißt – das Beste, was uns widerfahren konnte, ist uns widerfahren, wir sind genau hier geboren, im Zentrum dieses wundersamen Universums, am Schnittpunkt aller schmerzhaften und süßen Linien, unter dem Himmel der Glücklichen und Widerspenstigen. Ich liebe alles, was mir geschenkt ist, ich muss es einfach teilen. Ich muss einfach über die Freude und Bitterkeit, über die Sorge und Melancholie reden. Dazu habe ich tausend Bücher, die ich lesen soll, dazu habe ich das Schreiben. Großzügig teilen möchte ich und dabei spüren, dass die Begeisterung nicht abnimmt, spüren, dass weder Traurigkeit noch Enttäuschung noch Misstrauen sie ersetzen können. Großzügigkeit, die nicht zerstört. Freude, die nicht leichtsinnig macht. Tod, der nicht schreckt. Der überhaupt nicht schreckt.

3

Der Friedhof war schneebedeckt, am Morgen musste die Straße geräumt werden. Seit meiner Kindheit kenne ich diese Schneemassen, die die Steppe erdrücken, sich bis zur Grenze ziehen, den Raum lähmen. Um ein Feld zu überqueren, musst du einen Pfad trampeln. Dir wieder und wieder den Weg bahnen, die richtige Route finden, im Raum versinken, in der Zeit steckenbleiben. Nichts hat sich geändert, gar nichts.

Ein wenig zu eifrig forderten uns die Totengräber auf, näherzutreten und von dem Verstorbenen Abschied zu nehmen. Zuvor, noch zu Hause, hatte der Priester um ein gemeinsames Foto gebeten. Seine Bitte klang so ehrlich, dass man sie nicht abschlagen konnte. Und auch seine Rede war ehrlich. Wie Priester üblicherweise vor Atheisten sprechen. Von der Notwendigkeit, tapfer zu sein und sich zu erinnern. Was bleibt einem schon nach dem Tod des Vaters? Tapfer sein und sich erinnern. Wir haben das Foto gemacht. Daneben, im offenen Sarg, lag mein Vater. Die Hände bandagiert, das Gesicht papiergelb. Anzug. Er trug auch zu Lebzeiten gern Anzüge, im Unterschied zu mir. Dann machte sich der Priester auf den Heimweg, aber es wurde noch lange über ihn gesprochen. Gut gesprochen. Wie über einen soliden Handwerker, der seine Arbeit gut gemacht hat. Nicht allen war sie nötig erschienen, aber der Mann hatte sich Mühe gegeben, warum ihm den Dank verweigern.

Da stand ich nun auf dem Friedhof, der unterm Januarschnee begraben lag, sah auf die gefrorene Erde, die sie über meinen Alten gehäuft hatten, sah auf die Grabsteine, mit denen sich der Friedhof gefüllt hatte wie ein Notizblatt mit kindlichen Lettern, und dachte Folgendes: In diesem kleinen Fleckchen lehmiger gefrorener Erde liegen jene, die ich als jung, kräftig und selbstbewusst in Erinnerung habe. Jene, die vor vierzig Jahren um mich waren. Jene, die ich in Kindertagen als Erwachsene bezeichnete. In der Zwischenzeit sind fast alle gestorben. Als wären sie zur Seite getreten, liegen sie jetzt nebeneinander, um über den Tod hinaus zusammenzubleiben, wie sie es im Leben gewohnt waren. Sie haben zusammen gelebt, zusammen gearbeitet, sich geliebt, sich gehasst. Jetzt finden sie sich nach und nach hier ein, auf dem Friedhof, in Rufweite, ja sogar nur ein Flüstern voneinander entfernt. Keiner hat sie mehr als jung in Erinnerung, die Fotos auf den Grabsteinen sind zufällig und oft misslungen. Die Zeit ist vergangen, die Welt hat sich verändert, sie haben ihr Leben gelebt. Alles in ein paar wenigen Jahrzehnten. Als wäre nichts geschehen. Als wäre es nicht mit uns geschehen.

Was ist denn eigentlich mit uns geschehen? Was ist geblieben, worüber man sprechen könnte? Tagebuchaufzeichnungen? Misslungene Fotos? Ein großes sonniges Stück Zeit liegt hier, unter meinen Füßen, liegt unter dem Schnee, so dass selbst über ihren toten Herzen und festtäglichen Anzügen ein Pfad getrampelt werden muss.

Wer außer mir braucht denn sein Tagebuch? Wer würde es lesen? Ich kann es nicht einmal richtig nacherzählen. Die meisten Einträge eignen sich dafür einfach nicht. Das eine oder andere allerdings könnte man schon nacherzählen, erklären, in Sprache kleiden, aus den Grabsteinen Literatur und aus der Erinnerung an die Verstorbenen Gedichte machen. Die verstorbenen Väter meiner Altersgenossen, die verstorbenen Lehrer. Männer, die zusammen mit den Frauen gestorben sind, die sie geliebt haben. Frauen, die die Liebe zu ihren Männern mit ins Grab genommen haben. Ich wollte immer über sie schreiben. Und ich schreibe die ganze Zeit nur über sie. Ich bin ihnen zu Dank verpflichtet. Ich habe etwas über sie zu sagen. Es kann ruhig die Dichtung einer Zeit sein, in der alle sich am richtigen Platz wähnten, in der es für alle genügend Platz gab, in der alle gleich waren vor der Erinnerung und dem Vergessen. Es kann ruhig ein Buch über das Grenzland werden, hinter dem jeden Morgen die Sonne aufsteigt und westwärts wandert. Ein Buch der Bäume, die jene überlebt haben, die sie einst pflanzten. Ein Buch der Steine, die in die Schwarzerde einwachsen wie das Herz in den Leib. Ein Buch der zertrampelten Fußballfelder. Ein Buch der traurigen Hochzeitslieder. Eine Erinnerung an die alten Telefonbücher, in denen niemand mehr steht, den man noch anrufen könnte. Ein Namensverzeichnis wie das Verzeichnis der gesunkenen Schiffe.

Zu Hause saßen dann alle um den Tisch, versuchten

warm zu werden nach dem Friedhof, schwiegen betreten, wussten nicht, wie sie zu einem Gespräch ansetzen sollten.

Wir müssen ein Gebet sprechen, sagte eine Frau. Ehe wir Leichenschmaus halten, müssen wir ein Gebet sprechen.

Alle waren einverstanden und versuchten, sich an ein Gebet zu erinnern. Vielleicht war es das Berührendste, was ich je gesehen habe – Atheisten, die sich aufwärmen, nebeneinandersitzen und ein Gebet suchen, um eines anderen Atheisten zu gedenken, der von ihnen gegangen ist. Sie überlegen, aber es fällt ihnen nichts ein. Denn sie kennen keine Gebete. Und haben auch nie welche gekannt. Sie wissen lediglich, dass es gesprochen werden muss, das Gebet, es muss erklingen, so gehört es sich. Aber keiner kann sich mehr an die Worte erinnern. Sie wissen nicht, was sie jetzt machen sollen, wie es weitergeht, was sie sagen sollen. Bis eine andere Frau aufsteht, innehält und das Vaterunser spricht – wie sie es eben noch in Erinnerung, wie sie es im Herzen bewahrt hat. Sie spricht es, sorgsam und feierlich, bis zu Ende, und dann hauchen all die anderen Atheisten, die sich in der Zwischenzeit aufgewärmt haben, ein laues »Amen«. Danach sprechen alle über die normalen Dinge, über das, woran sie glauben, woran sie nie gezweifelt haben – über die Kinder, über den Schnee, über die Verstorbenen. In ihren Gesprächen lächeln die Verstorbenen der Sonne zu und scheuen keinen Regen.

»Nimm ihn auf in dein himmlisches Reich«, sagt eine Frau leise.

»Nimm ihn auf in dein himmlisches Reich«, antworten alle im Chor.

Himmlisches Reich, denke ich, ist ein guter Anfang für ein Gedicht.

Erster Teil
Schiffsverzeichnis

Seid ihr bereit?

Die Seelen der Waldvögel reiben sich in der Luft.
Zeit, die Nacht zu belauschen, die unsichtbaren Flügel zu berühren.
Seid ihr bereit, am Mitternachtsgleis auszusteigen
und in die alte Melodie einzustimmen?
Der Griffel in der Kinderhand zeichnet die Atemlinie,
die Linie, die das Feuer nicht überschreitet.
Zusammenhalten, beim Licht,
zusammenhalten unter den Flügeln,
die sich in dieser Luft auf etwas stützten,
ihr etwas entrissen, sich spreizten,
das Licht in den Pappkartons des Frühlings durchbrachen.

Seid ihr bereit,
so leidenschaftlich zu rezitieren,
als küsstet ihr den eigenen Atem,
als erklärtet ihr dem Sauerstoff des Landes eure Liebe?
Seid ihr bereit zu sprechen, als hinge von euren Worten
die Zukunft der Zivilisation ab?
Bereit, über den Abend zu sprechen,
wie sie im OP über den Tod sprechen?

Die rabenschwarze Freude entlangzubalancieren,
im Hof des Krankenhauses den vorgegebenen Kreis
zu verlassen. Seid ihr bereit?
Den Flügel zu fassen, den Laken
der Dämmerung entrissen. Seid ihr bereit?
Den geschlachteten Rindern die Finger in die Wunden ihrer gefrorenen Leiber zu legen,

den Herzschlag der Stadt an den abendlichen Kreuzungen
zu spüren.

Gesang, der in die Gipsformen der Stimme fließt.
Gesang, der die Postkästen der Lungen
mit Korrespondenzen des Windes füllt.
Gesang, der den Sprachlaib bricht,
den Morgen mit dem Roggengeschmack eines Psalms
speist.

Alle, die stark genug sind, dem Dunkel zu trotzen,
alle, die unter dem Banner des mitternächtlichen Gesangs
stehen –
so atmen wir unsere Freiheit aus,
Tabakrauch im durchscheinenden Gewölbe des Morgens,
so zeichnen sich die Muster der Entzündungen
auf den Glasfenstern der Lungen ab.
So besingen wir die Gefallenen im goldenen Sand des
Frühabends.
Klingen, sonst nichts.
Freude und ein langer gediegener Abend wie die Stimme,
wie der Atem,
brüchig von Gesang und Küssen.

***

Zusammenkommen und reden – lasst uns mit dem
Schwersten anfangen.
Lasst uns rückhaltlos in die Nacht eintauchen,
die wie Kohle auf den Laken hervortritt.

Der Fluss erinnert sich noch an die Wärme
wie ein Kleid, über den Kopf gestreift,
er reagiert noch auf den Herzschlag,
gegen Morgen, wenn
die brüchige Poetik der Müdigkeit entsteht.

Hier sind wir – hinausgeschrien in die Nacht,
ausgebrannt in der Sonne wie Keramik.
Mit einer Sprache, Vogellauten gleich.
Mit Stimmen wie von Tieren, die sich zurufen,
wenn sie sehen, wie von allen Seiten das Feuer näher rückt.

Die Menschen des atemlosen Grenzlands kommen
zusammen.
Die Fleischer kommen zusammen, auf deren Fingern Blut
trocknet wie Kanzleitinte.
Die ewigen Treiber kommen zusammen und tragen
den österlichen Geist des Schlachthofs.

Bücher, die nach Gras und Milch duften.
Ikonen, gedruckt in derselben Typographie
wie die Manifeste der Futuristen.

Die Tiere wittern die süße Sprache der Dämmerung.
Lernen die Rechtschreibung der Juninebel,
in denen ihre Mörder lauern.

Lasst uns mit dem Lauf durch das grüne Ödland anfangen,
durch die dämmrige Heimat,
lasst uns mit der Jagd auf das Opfertier anfangen
im Weizenchor, der sich einsingt.
Wir, die wir gesehen haben,
wie sich Waldschnepfen ins Feld ducken,
die wir ins Wasser gegangen sind,
um mit der gebräunten Haut sein
eisiges Toben zu streifen,
lasst uns anfangen.

Lasst uns mit dem Schwersten anfangen – mit dem Gesang
und dem Löschen des Feuers,
das in der Nacht näher rückt.

Lasst uns mit dem Flüstern der Namen anfangen
und zusammen den Wortschatz des Todes flechten.

Stehen und über die Nacht reden.
Stehen und auf die Stimmen
der Hirten im Nebel lauschen,
die jede verlorene
Seele besingen.

***

Das himmlische Reich, so reden sie über das Leben.
Über das tägliche Einerlei, über die Zeit,
die ihnen für die Liebe bleibt.

Das himmlische Reich, so nennen sie
ihre vertraute Welt, den kindlichen Kummer,
der die Sprache der Mutigen lähmt.

Das himmlische Reich – die Tiere atmen es in den Ställen,
die klugen Vögel spähen es aus am Horizont,
beinah Familienmitglieder,
die man zu feierlichen Anlässen tötet.

Das Wichtigste im Leben:
die Angst vor dem Winter zu bezwingen, die Weisheit
in den Schneefällen zu erkennen, den Rhythmus der
beweglichen Dunkelheit
aufzunehmen, die mit dem Tauwetter unwiderruflich endet.

Der Lauf des hohen Himmels über den Niederungen:
das himmlische Reich, in blaue Schneewehen
getreten von Frauenschuhen,
das himmlische Reich in den Lehrbüchern,
die die Schüler aus der Schule heimbringen
wie Brote aus der Bäckerei.

Es singt nur das Federvieh
und begrüßt das eigene Ende.
Das Federvieh singt, frierenden Herzens
mitten im großen Übergang des Winters.

Wie der Schlehenwein, so wollen wir in der Liebe
zu dieser Erde, zu unserem Reich heranreifen,
über dem sich der Stimmapparat des Horizonts
formiert.

Der bange Glaube der Grenzvölker,
den eigenen Toten die Aufnahme ins himmlische Reich zu
wünschen,
vor allem jenen, die an nichts geglaubt haben:

ihr Ende mit dem Gesang der Vögel kundzutun,
sie in den tiefen Schnee hinabzulassen wie ins Meer,
in Booten, beladen
mit den herben Schlehen der Sloboda-Ukraine …

… Mein Vater ist am vierten Januar gestorben.
An diesem Tag fiel dichter fetter Schnee.
Eine Zeitlang bewegten
sie sich
aufeinander zu.

***

Warum rede ich ständig über die Kirche?
Die große Versuchung, unbedingt verstanden werden zu
wollen.
Die große Naivität, wenn erwachsene Menschen
unbedingt
zusammenhalten wollen, damit keiner etwas
von des anderen Einsamkeit ahnt.

Das in der Kindheit Gehörte reicht, um zu verstehen,
womit man es jeden Tag unweigerlich zu tun hat:

Da sind die Farbstoffe der Metaphern,
die Wasser in blutroten Tischwein verwandeln;

da ist das Herz Christi – offen wie ein
Konzertflügel, der wieder etwas Akademisches
aufführt im leeren Saal;

da bin ich – von irgendwem in der Gemeinde
zurückgelassen,
von irgendwem vor die Notwendigkeit gestellt,
die Geschichte von Tod und Opferbereitschaft
als Familiengeschichte wahrzunehmen,

ich spreche den Alten die Flüche nach,
vertont als Choralgesang,
singe mit den anderen,
glaube voll Wut.

Glaube voll Wut an das Grün, das Jahr für Jahr
die Ziegelmauer überschreit, wie ein zorniges Auditorium
seine Professoren.
Glaube voll Wut an den Mond, der wächst wie der Groll
an der linken Lunge des Maihimmels.
Glaube voll Wut an die Literatur,
mit der man die Öfen
in den Kinderheimen heizt.

Die gleiche Sprache, die gleichen Wörter –
für Leidenschaft und für Statistik.
Ein Mai für alle.
Ein Feuer für alle.

***

Ich preise dich, Gott, ich preise dich.
Gepriesen sei dein Talent, heiter über das Schlimmste zu sprechen.
Deine Fähigkeit, die starken Menschen zu zwingen,
sich an die eigene Schwäche zu erinnern,
die Kunst, alle wehrlos zu machen
mit Aufrichtigkeit.

Gepriesen sei deine Müdigkeit,
die uns veranlasst, einander zu trösten,
gepriesen sei deine feine Ironie des Lehrers,
der weiß, dass die meisten Schüler, wenn sie
aus der Klasse gehen, nie wieder
eine mathematische Formel anwenden.
Gepriesen sei deine Abwesenheit, die längst
niemand mehr kümmert.

Gepriesen sei das Fluten des Lichts in der Morgenluft,
unsere Versuche, die Sprache der Bäume zu deuten,
unser Verliebtsein in die Wiedergeburt der Blätter,
unsere eigenwillige Lehre vom Beseitigen der Steine
aus dem Flussarm,
von der Vertiefung des Flussbetts,
von der Befestigung der Ufer.

Die Zähmung der Welt, das An-die-Brust-Drücken
der Klumpen Dunkelheit, in der Hoffnung,
dass sie von innen das Feuer erleuchten,
von dem du die ganze Zeit redest.

Gepriesen seien, Gott, deine Institutionen,
deine Kirche, die getragen wird von unserer Weigerung
einzusehen, dass es dich nicht gibt.

Gepriesen seien deine Geistlichen, die
auf den Wellen der europäischen Flüsse laufen
wie Zirkuskünstler über Glasscherben,
Geistliche, die Demut lehren wollten,
tatsächlich haben sie uns Dichtung gelehrt.

Angst, einer Handlung gleich, niedergeschrieben in einem Buch.
Vergebung, die sich
dank der Evangelisten in Worte fassen lässt.
Gepriesen seist du für deine Unglaubwürdigkeit.

Die Sonne brennt über der verlorenen Stadt.
Die Sonne brennt, die Propheten sind da.
Sie beweinen die Stadt, die kämpft und nicht aufgibt.
Sie beweinen die Stadt, die erfüllt ist von Tapferkeit.
Sie weinen und begreifen nicht –
woher all die Liebe kommt bei denen,
die niemals geliebt wurden.

***

Und davon eben will ich erzählen:
vom grünen Auge des Dämons am farbigen Himmel.
Vom Auge, das aus den Kulissen eines Kindertraums
schaut.
Vom Auge des Freaks, in dem Angst und Entzücken
wechseln.

Alles hat mit Musik angefangen,
mit den Narben, die der Gesang hinterließ
bei Gleichaltrigen auf Hochzeiten im Herbst.

Erwachsene, die Musik machten.
Erwachsensein, bestimmt von der Fähigkeit, Musik zu
machen.
Als mischte sich eine weitere Note in die Stimme,
die Glück birgt,
als wäre in Männern dieser Instinkt angelegt:
Jäger und Chorsänger zu sein.

Musik, das ist der Karamellatem der Frauen,
das Tabakhaar der Männer, die sich widerwillig
rüsten zum Messerkampf mit dem Dämon,
der ungebeten auf der Hochzeit erscheint.

Musik hinterm Friedhofszaun.
Blumen, die den Frauen aus der Tasche wachsen,
Schüler, die in die Öfen des Todes schauen.

Am tiefsten ausgetreten sind die Pfade zum Friedhof und
zum Wasser.

In der Erde wird nur das Wertvollste begraben –
geölte Waffen, die zu blanker Wut reifen,
die Porzellanherzen der Eltern, die
im Gesang des Schulchors klingen.

Davon will ich erzählen –
von den Bläsern der Unruhe,
von der Hochzeitsprozession, die in die Erinnerung einzieh
wie in Jerusalem.

Den gebrochenen Psalmenrhythmus des Regens
unters Herz legen.
Männer, die tanzen, als wollten sie
mit den Stiefeln ein Steppenfeuer löschen.
Frauen, die sich im Tanz an die Männer klammern,
als wollten sie sie abhalten, in den Krieg zu ziehen.

Ostukraine, Ende des zweiten Jahrtausends.
Die Welt quillt über vor Musik und Feuer.
In der Dunkelheit klingen fliegende Fische und singende
Tiere.

In der Zwischenzeit sind fast alle, die damals geheiratet
haben, gestorben.
In der Zwischenzeit sind die Eltern der meisten
Gleichaltrigen gestorben.
In der Zwischenzeit sind die meisten Helden gestorben.
Der Himmel breitet sich aus – bitter wie Gogols
Erzählungen.
Es tönt der Gesang der Menschen, die die Ernte einbringen
Es tönt die Musik derer, die die Steine vom Feld tragen.
Sie tönt und reißt nicht ab.

***

Genau das eben,
was am Anfang war.
Blitze im Gras, Bewegung zwischen den Bäumen,
die unleserliche Schrift der Maulbeeren.

Was passiert mit einer Sprache, wenn keiner sie spricht?
Wenn der Mond dahängt wie ein Schwalbennest.
Wenn jemand zwischen den Bäumen steht
und die Welt stimmt
wie das Klavier in der Schule.

Die Welt wird erschaffen, die schwangeren Frauen
erwachen vom Feuer der Laken
und spüren die Männer im Dunkeln wie heiße Steine.
Die Welt wird erschaffen, die Männer liegen nachts da wie
Hügel,
im Schlaf pressen sie die verlorene Waffe der Luft
zusammen.

Es ist die größte Aufrichtigkeit, beieinanderzuliegen
und das Trinkwasser der Dunkelheit zu teilen.
Es ist der größte Kummer, nicht die Nacht hindurch
die Hand desjenigen halten zu können, dessen Atem
du hütest wie Familienbriefe.

Die Welt wird erschaffen, eine Wärmewelle zieht heran
und überrollt die atemlosen Sonnenblumen,
die der Geschichte entgegenlaufen,
sie wird erschaffen von der Stimme, mit der man Nachzüglern
einen Namen gibt.

Eine Welt, aus der du kein Zeichen entfernst,
eine Welt, durchzogen von Operationsnähten aus
kyrillischen Lettern,
eine Welt, die nachts aus der gemeinsamen Schlaflosigkeit
erschaffen wird.

Eben das, was am Anfang war.
Eben das, weswegen die Schwalben
in den Himmel steigen.

Wenn die Welt erschaffen wird,
hängen sie über den Bäumen wie Sünden über der Seele,
hängen über den Bäumen, steigen auf.
Entfernen sich immer wieder vom Wichtigsten.
Nähern sich dem Wesentlichen.

***

Unser Lehrer steht vor uns,
auf dem Fußballfeld, nach der Niederlage.
Auf dem Feld unserer Ehre,
auf dem Feld, dessen Ernte unsere Angst war.

Wie der König von Jerusalem steht er da in kaputten
Turnschuhen
und erzählt uns mit leiser Stimme von den Vögeln.

Dass eine Niederlage uns nicht schwächer mache,
solange Bienen über den offenen Wunden des Mondes
kreisen,
er spricht über das Wesentliche.
Er spricht über die Vögel.

Die große Weisheit des Vogelrufs.
Die bittere Berufung als Vogel.
Flügelmaße wie die Maße eines Gedichts.
Verkündet die Höhe mit der Entenbeichte.
Vernäht der Himmel mit schwebender Rhythmik.

Die venezianischen Kaufleute markieren auf alten Karten,
nördlich der Küsten am Asowschen Meer,
die unverrückbaren Grenzen des Vogelstaats.

Ein Vogel, der das Lufttor verteidigt.
Ein Vogel, in dessen feuchtes Auge sich der Mond
brennt.
Singende Vögel, ihr Hilfsarbeiter der Perspektive,
leidenschaftliche Tenöre unserer Stimmlosigkeit,

ihr habt gesungen, während die Kiefern an der Grenze leuchteten,
ihr habt gesungen, während wir in die Landschaft hineinwuchsen.
Ihr müsst Klagelieder singen für die, die man in den Schützengräben beerdigt.
Ihr müsst reden von jenen, denen man ein anonymes Grab schaufelt.

Die besorgten Stare sitzen wie die Apostel
an Tischen, auf denen Brot und Wein stehen,
sie lesen den Psalter,
den man aus Potschajiw gebracht hat,
sie erwähnen den Winter, der gewiss zurückkommt.

Das Herz der kleinsten Schwalbe ist stärker als der Nebel.
Die Seele des hoffnungslosesten Vogels verdient unsere Sorge
Soll der Winter ruhig kommen.
Soll er ruhig zurückkehren.
Soll er ruhig auf unseren Feldern walten.

Leise
folgen wir unserem Lehrer über das endlose Feld.
Laufen durch den frühen Abend.
Wiederholen, was wir uns gemerkt haben:

Je mehr Vögel da oben, desto weniger Böses unter uns.
Je länger der Entenflug, desto süßer wird die Rückkehr sein

Da oben schlägt die Vogelseele.
Es zieht, es zieht nach unten,
das Vogelherz.

***

So stellt man sich zum Familienfoto auf,
schaut dem Fotografen ins Auge
wie einem Vogel,
der vorm Fenster sitzt:

Erinnere dich an mich, zorniges Vogelauge,
wenn wir uns das nächste Mal sehen,
auf der anderen Seite des Lebens, gellend wie ein Schrei,
auf der anderen Seite der Einsamkeit, wild wie die
Strömung.

Erinnere dich an meine Hände,
noch ohne giftige Tinte unter den Nägeln,
erinnere dich an meine Stimme,
in der es noch keine Stacheln männlicher Wut gab,
erinnere dich an die Dankbarkeit der Kinder,
die sich zu Ostern Naschwerk von den Grabsteinen
ihrer Eltern holen.

In vierzig Jahren werde ich nicht mehr im Schlaf
mit den toten Helden meiner gelesenen Romane sprechen.
Es wird den magnetischen Mond
über dem offenen Bruch der Trasse nicht mehr geben.
In vierzig Jahren wird mich niemand mehr anfeuern,
wenn ich in die Mai-Seen springe.
Die Buden der Filmvorführer werden geschlossen sein,
die Grabkammern der Schulbibliotheken geplündert.

Erinnere dich an mich, Geschichte, die einem Vogel
gleicht,

der Jahr für Jahr in den Nebel des Grenzlands einfallen
muss.
Abdrücke froher Gesichter in meinen Handflächen.
Die Frauen und Männer der Siebziger erhellen
wie tote Planeten die sommerliche Luft.

Die Kinder reden im Schlaf mit den toten Offizieren.
Die Kinder treten aus dem Dunkel, wenn der Fotograf
ruft.
Sie huschen durch die Kindheit,
wie Eidechsen über die Juli-Trassen huschen.
Sie stehen auf dem Hof,
blicken der Geschichte misstrauisch ins Auge.

Es singen die toten Dichter,
die in den Lehrplan geraten sind
wie Stare in den Käfig.
Sie besingen das Vaterland
des nach dem Sommer ausgebrannten Himmels.

Schwer dunkelt die Operationsnaht des ins Reine
geschriebenen Gedichts.
Langsam wächst zwischen den Flüssen die schwarze
Regenblume.

***

Lasst uns mutig sein in diesem Sommer.
Lasst uns geduldig sein,
lasst uns großzügig sein.
Lasst uns bereit sein, den Todesschatten
in den pelzigen halbwüchsigen Gestalten
der diesjährigen Sonnenblumen zu sehen.

Wer denkt in zehn Jahren noch an diesen Sommer?
Wer denkt noch an die einsam glühende
Sonne in den frühen Morgenstunden?
Wer denkt daran, dass er im Sommer 18 fast erstickt wäre
an den Vermutungen und Ahnungen,
an Sorge und Glück?

Das ewige Jagen nach der schreckhaften göttlichen Beute.
Das ewige Hinabdringen zum Flussgrund,
das ewige Atmen des Schilfs.
Die Hetzjagd dieser traurigen Zeiten.
Die Epoche der Vogelfänger,
die in die eigenen
Fallen tappen.

Wer entdeckt als Erster den Reif auf dem Augustgras?
Nur du lässt dich so lieben,
in den leeren Städten,
in diesem grausamen Sommer.
Vier Offiziere tragen die Sonne
auf den Krankenhausfriedhof.
Neue Zeiten brechen an,
die Ernte der Geschichte wird eingebracht.

***

Einfach loslegen und die paar Sätze schreiben.
Bücher zusammentragen, geschenkt und halb gelesen.
Gegenstände entdecken, die ins Haus gekommen sind.

Einfach loslegen und Wörter zusammentragen,
die alles erklären.
Endlich glaubwürdige Gedichte machen.

Du verstehst doch, dass es um dich geht?
Du verstehst doch, dass es nur um dich geht?
Der Irrwitz dieser Welt kommt nicht von ungefähr,
die Verrenkung der Literatur hat ihre Adressaten.
Nur für dich kämpfe ich im Traum gegen Wale,
nur für dich verliebe ich mich in Häuser und Hügel,
nur deinetwegen brechen die Wildgänse in
Herbstschwärmen auf,
nur an dich appellieren die Pflanzen auf dem Fensterbrett.

Du verstehst doch, dass das alles nur dafür da ist,
damit du Gelegenheit hast zu widersprechen,
das irrwitzige Recht hast nicht zu glauben,
das Offensichtliche nicht zu sehen,
es nicht zu sehen,
nicht zu sehen.

Aber es hat sich so ergeben,
dass viel Zeit vergangen ist
und dass ich immer noch, wenn ich mit dir rede,
diese bewusste Pause mache, nur einen Moment, für ein
Luftholen,

um den Atem zu glätten, um nicht zu ersticken,
wenn ich mit dir über deine Unbekümmertheit spreche.

Es hat sich so ergeben, dass ich immer wieder nachts,
wenn ich ins Dunkel trete, die Tür aufhalte,
als kämst du hinter mir.

Verstehst du, was das ist?
Die Zärtlichkeit deiner Notizen, gefunden in den Taschen
der Jacke,
die ich seit letztem Winter nicht anhatte.
Die Stille von Menschen, die in verschiedenen Städten
erwachen
und dennoch Angst haben, den anderen zu wecken.
Die Freude an einer Reise, die jedes Mal zu Ende geht.
Die himmlischen Heerscharen auf dem Bahnhofsvorplatz,
die gegen den Teufel kämpfen
in der Luft über der Stadt.

Und wir werden
den Klang der Einsamkeit nach Männer-
und Frauenstimmen aufteilen,
und die Ertrunkenen unserer Lungen werden
der den Händen entglittenen Luft weiter nachseufzen,
wie ein übersetzter Text
ruft die Welt jede Menge Einwände hervor,
spielt mit Bedeutungen,
glänzt mit Hoffnung.

***

Es geht vor allem um Einsamkeit.
Um das Lied des Fahrstuhls
in der Kehle des Hausflurs,
das aus dem Schlaf reißt,
indem es Abschiedstöne sendet
morgens um vier Uhr.

Es geht besonders um die Unfähigkeit
die Straßen und Plätze der Stimmlosigkeit zu verlassen,
dem Licht und den Rufen folgend, die
jeden Passanten
freudig begrüßen.

Es geht um das Schwierigste.

Es ist einfach, die Wortbedeutungen zu kennen.
Es ist einfach, den Gruß
der Wache am Tor korrekt zu erwidern.
Viel anspruchsvoller ist die Schule des Schweigens,
die Kunst des Atems,
die Fähigkeit, den Hungrigen anzuhören,
der dir vom
morgendlichen Brot erzählt,
die Fähigkeit, demjenigen bis zum Schluss zuzuhören,
der alle Sünden der Menschheit
aufzählt.

Keiner hat uns beigebracht, den Stimmen zuzuhören,
die aus Kummer geflochten sind,
keiner hat uns die Großmut der Ärzte erklärt,

die nichts haben, um zu helfen,
aber immer zuhören können.

Es geht uns um unsere Einsamkeit,
in der wir uns so wohlfühlen,
mit der wir den kritischen
Mangel an Liebe rechtfertigen
in dieser wunderbaren
Welt.

Mit allem anderen kommen wir
mehr oder weniger zurecht.

Es ist leicht
mit den Aufgebrachten zu reden – hinter ihrem
Schweigen steht Hilflosigkeit.

Es ist leicht mit den Kranken zu reden –
ihrem bellenden Husten zu lauschen,
als wärmte man sich an einem Feuer,
das langsam verlischt.

Doch am schwersten ist es
mit den Bäumen
zu reden –
als wärst du an nichts schuld,
und doch stehst du zwischen den Fichten
und senkst den Blick.

Sie umringen dich herausfordernd,
lauschen,
halten sich zurück.

Wie eine Gemeinde, deren Gotteshaus
in der Nacht geplündert wurde.

***

Und erst als ich hierhergeraten bin, in die Straßen
mit den roten Bäumen, wo das Laub auf den Steintreppen
liegt und die Terrassen sich erwärmen wie Kinderkleider,
habe auch ich ihn bemerkt – den frühen Herbst dieses Jahres,

habe sein Flackern am anderen Ufer bemerkt, den
bitteren Rauch geschmeckt – den Rauch der Freiheit, den Rauch des lauten Wortes,
die schneidenden Strahlen der Septembersonne in den durchlöcherten
schwindsüchtigen Lungen der leeren Kathedralen.

Es genügte, den Wald am Straßenrand zu sehen, der
dem Gang gekränkter Arbeiter gleicht, es genügte,
die Stimmen der Passanten auf den sonnigen Straßen zu hören,
um sich einmal mehr zu erinnern – so einsam

und so schutzlos fühlen wir uns nur im September.
Nur im September wecken Zufallsbäume den Wunsch
sich zu umarmen, nur im September erinnert der Atem einer Frau an den Rhythmus
des Universums, nur im September, wenn du nichts mehr ändern kannst.

Nur im Herbst klammerst du dich so an die Wärme, nur im Herbst
befühlst du sie, wie man die Kleidung befühlt, in der man

begraben werden möchte, nur im Herbst teilst du die
Wärme wie Wasser
in der Nacht – allzu freimütig, allzu vertrauensvoll.

Außerdem muss man sich vor Aufrichtigkeit nicht
fürchten, absolut nicht.
Schämt euch nicht für eure Aufrichtigkeit, Bäume, meine
Freunde.
Zumindest in diesem Herbst muss man die blauen Flecken
nicht verbergen,
die die zärtlichen Zähne am Hals hinterlassen haben.

Außerdem ist wieder September, und das Wasser in den
Brunnen
reagiert auf die Wetterwechsel wie ein Tier in seinem Bau.
Ich komme sowieso zu dir zurück, verlass dich drauf.
Nur wenige Wochen, um sich zwischen den Steinen zu
umarmen.

***

Vielleicht das Wichtigste, was ich im Leben zu sehen
bekam,
sind die Steine in der Stadt, aus denen Bäume
wachsen. Der granitene Grund skandinavischer
Hauptstädte,
Landschaften, getragen von Beständigkeit und Liebe.

Es ist ein zweifelhaftes Vergnügen, ein Baum zu sein,
es ist eine zweifelhafte Ehre, sich gerade zu halten,
die tödliche Kälte des Vaterlands unter sich zu spüren,
im Wind zu stehen, der Zurückhaltung lehrt,
sich an Standfestigkeit zu klammern wie an die letzte
Hoffnung.

Bäume, meine Freunde, ihr seid den Steinen ausgeliefert
wie die Prediger der grausamen Vernunft von Tieren,
habt ihr es jemals bedauert,
dass ihr im Dunkel geboren seid,
dass euch von Geburt an die Leichtigkeit
der Mittelmeerküsten verwehrt blieb?

Bäume, meine Freunde, habt ihr euch jemals
über den Wind beklagt, der euch so unbeugsam gemacht hat?
Habt ihr euch jemals über das Ufer beschwert,
das für euch die Luftlinie des Vaterlandes begrenzt?

Wir werden uns vom Leben alles nehmen, was wir kriegen
können.
Wir werden Dankesworte in die sonnigen Himmel über
unseren Städten rufen.

Wir werden weinen vor Glück
und lachen über die Unfähigkeit, alles zu ändern.
Wir werden unsere Küstenlinie befestigen:
das Land wie kalter Stein,
die Menschen wie warme Bäume.

***

Zwischen dem, was wir schon verloren haben,
und dem, woran wir noch glauben,
verläuft die Linie der herbstlichen Vogelzüge –
markiert von den Nagelspuren
auf dem Offset des Himmels.

Die Zeit zerfällt in die Pfade
der Fuchsfährten, die von den Gleisen wegführen,
in die sich hochreckenden Rückgrate der Wolfsmilch
am Flussufer.

Die Zeit bricht wie ein Zweig.
Nichts lässt sich verbessern, nichts lässt sich erneuern
im eingespielten Lauf des Lebens hin zum Tod.
Mit uns hat der ernsteste Text begonnen,
die Dichtung der Stichwaffen,
die syllabische Poesie der Bibliotheken, in denen das
Dunkel nistet.

Die Zeit lauert wie ein Fuchs auf der Jagd –
man kann nichts wenden in diesem verbissenen Lauf,
man kann nicht erwarten, dass uns die
gestählte Klinge der Zeit verschont.

Einfach nur diesen Spalt füllen
zwischen Aufflammen und Verdunkeln,
zwischen dem, was du nicht zurückholst, und dem,
worauf wir noch nicht verzichtet haben,
einfach nur ausatmen –

ich liebe dich so sehr in diesem herbstlichen Wahn,
inmitten der Schwarzerde, der Schriftfarbe gleich,
die man für den Druck von Schulbüchern verwendet,
ich liebe diese Zeit so sehr, die zum Winter verlischt
und die Taschen unserer Windjacken erkalten lässt,
ich liebe diese Bäume, erwachsenen Frauen
gleich, die ihr Laub abwerfen wie Illusionen.

Sprich nur nicht über die Angst,
leugne nur nicht meine Ahnungen,
wende nur den Blick nicht ab,
wenn du mit den Mördern sprichst,
wenn die zarten und angespannten Himmel
wirklich entzündet werden.

***

Die großen Dichter der traurigen Zeiten.
Hellhörige Zeugen des endenden Buchdrucks.
Dichter, deren Stimmen von der Erfahrung des
Überlebens in leeren Sälen sprechen,
Dichter, die ihr Handwerk
höchstens noch an die Schwarzdrosseln
hinter dem Institutsfenster weitergeben.

Kühner Dichter der Schleusen an den europäischen
Flüssen,
Dichter eines Landes, das wehrlos stirbt,
wenn es den Winter spürt,
sprich über die Hoffnung,
über Angst und Ausweglosigkeit sprechen jene,
die dich nicht lesen.

Sprich über die Hoffnung,
sprich über die starken Charaktere
der Lehrer und Jäger.

Deine Sprache ist lang und verschlungen
wie die Donau auf der Europakarte.
Sprich über die Beharrlichkeit der Kiefern,
die sich im Sand festsetzen
wie Russismen in der Sprache.

Die ganze Poetik deines Kontinents
entspringt dem Gesang und der Weinrebe.
Sprich über die Weinrebe, über die goldene
Beständigkeit der Trauben, die ihre Grenzen

verstärken wie Nähte einen neuen
Mantel.

Sprich über den Gesang der Frauen am sanften
Flussufer,
über die fehlenden Chancen reden die
Leute aus Kirche und Verwaltung.

Die unendlichen Eigenschaften der Sprache.
Ihre geheimnisvolle Struktur.
Hoffnung durch unsere Körper treiben
wie Fische ans schwarze Ufer,
das rechte Wort durchs Herz führen
wie einen Wanderer durch den Wald.

Sprache ist Atem, gefüllt mit Sinn.
Sprache ist die trügerische Chance,
jemanden daran zu hindern,
von der Brücke in die Seine zu springen.

Der Dichter steht mitten in der leeren Stadt,
ruft den Vögeln zu,
die über den Winter nach Nordafrika fliegen:

Ich glaube nicht an Gott.
Aber das macht nichts. Weil es ihn nicht gibt.
Die Leser glauben nicht an mich.
Das macht auch nichts. Weil es auch sie nicht gibt.

Und weil die Vögel ihm nicht zuhören,
will der Dichter sie zählen
in den Herbstschwärmen unterm Himmel.

Eifrig zählt er und vermerkt
jede einzelne Schwalbe in einem Heft.
So viele fortgeflogen sind, so viele
sollen wiederkommen.

Alle muss man zählen.
Keine darf man vergessen.

Die wahre Dichtung stützt sich
immer
auf Genauigkeit.

***

Und was macht dieser Mann?
Er schreibt Gedichte.

Breitet sie bei Tisch aus.
Feilt.

Als würde er Kinderschuhe flicken.

Genau zur rechten Zeit
hat er sich an die Arbeit gesetzt.
Genau jetzt.

Denn bald kommt der Winter.
Und dann schreiben Männer Gedichte.
Sehen sie sorgfältig durch,
klopfen sie ab
wie Tabakkrümel.

Ja, und auch Frauen
weinen über sie,
schlagen sie sorgsam ein
wie Dukaten.

Der Wert eines Gedichts steigt im Winter.
Vor allem in einem harten Winter.
Vor allem in einer leisen Sprache.
Vor allem in unberechenbaren
Zeiten.

***

Wie oft musstest du hören, wie Dichter ihre Liebe
gestehen.
Wie oft musstest du sehen, wie Frauen ihnen lauschen.
So lauscht man Predigern.
Oder Patienten.

Auf Straßen und Lesungen,
in Anwesenheit des Laufpublikums,
in Anwesenheit von uns allen – denen, die nicht viel
halten
von Dichtung und Liebe.

Es gibt ja so gut wie keine Dichtung mehr.
Keine Worte, auf die man bei einem Streit
einschlagen könnte
wie auf Möbel
in einem Motel.

Es gibt so gut wie keine Dichter mehr,
deren Verse dir einfallen,
wenn du in einem Flugzeug erwachst,
das zur Notlandung ansetzt.

Was ist noch geblieben?
Diese beiden dort,
unterm Himmel des letzten Wintertages,
unterm Schnee und dem Schutz der Dämonen.

Sie gestehen sich ihre Liebe und streiten.

Eine Dichtung der Drohungen entsteht,
eine Dichtung der Zärtlichkeit entsteht.
Wie Getreidesilos brennen die Herzen.
Die Welten der Mietwohnungen kippen.

Gut, dass keiner von ihnen
Gedichte schreibt.

Gut, dass sich nicht alles auf der Welt
in Reime fassen lässt.

***

Doch
es gibt nur wenig Dinge,
deren Namen es wert sind, wiederholt zu werden:
die Bäume am Ufer, die Steine im Schnee.

Die warmen Schwaden, in denen sich
die morgendliche Einsamkeit verbergen lässt,
die Bushaltestellen
als Zeichen von Dank und Geduld.

Die Hügel liegen da
wie Menschen in der Holzklasse –
still und ausgelaugt:
Das Jahr war lang,
alle haben etwas zu bereuen,
aber alle haben auch etwas, wofür sie dankbar sind.

Die Zeit vergeht,
Züge fahren,
die stummen Passagiere liegen über der kalten Erde,
erinnern sich an das Wichtige,
denken an das Wesentliche.

Doch es gibt nur wenig Wichtiges
und kaum Wesentliches:
die Nummern der Waggons,
die die gewöhnliche Wärme ins Land bringen,
die Namen der Vögel
wie die Namen der Frauen,
die ständig irgendwo über dir sind.

***

Als hätte es diesen Winter,
als hätte es unsere Erwartungen und Ängste nicht gegeben,
unser Hören
auf die Lautsprecher des Dezembers,
unser Erstarren
vor der orchestrierten Wahrheit der Schneefälle.

Als hätten gerade wir uns nicht vorbereitet
auf die Härte des Eises,
gewachsen aus Feindschaft.

Doch kaum zeichnet sich die feuchte Kontur
des Tauwetters in der Luft ab,
explodiert die Welt wie eine Meute,
der man den abgeschlagenen Kopf
des Tyrannen zeigt.

Ewig ist das Feuer über den Tälern.
Ewig ist unser Staunen über
das offene Herz des Flusses.

Als Erste erwachen immer die Büchersammler
auf den Trödelmärkten
und breiten ihre Schätze
auf dem Straßenpflaster aus.

Und schon rühren sich im Wind
die Dichter in den aufgequollenen
alten Anthologien,

gestrichen aus dem Lehrplan,
aber nicht aus dem Leben,

sie reagieren auf das Lachen,
auf das scheidende Knirschen
des Schnees unter dem Stiefel,

sie richten ihre Krawatten,
wärmen sich zwischen den
Buchdeckeln.

Dichter, denen keiner glaubt,
Dichter aus der Literaturgeschichte.

Von Anwälten verraten,
von ihren Frauen verlassen,
Gehenkte, Ertrunkene, Selbstmörder:

Sie erzählen ihre Biografien,
impfen uns die Liebe
zum Leben ein.

***

… der Winter hingegen ist die reiche Zeit der
Widmungen,
die Zeit des Übergangs zu einer anderen Schrift,
die Zeit der Vorübergehenden, die du mit
sanfter Unbeschwertheit ansprichst
wie Kinder in Krankenzimmern.

In diesem langen, langen Winter,
in Städten, in denen Schneefälle wirbeln,
wild wie Neffen
am Todestag eines Verwandten,

in Zeiten, wenn unser persönliches Misstrauen
gegen die Welt nicht zählt,
lasst uns in der Musik,
lasst uns im Gesang zueinanderfinden
und den Morgen mit einem Stimmfaden vernähen –

wir danken euch, ihr schöpferischen Winter,
für eure Dezember-Aufklärung,
für das von euch beschaffte Wissen
über die mörderische Glut von Küssen im Wind,
wir danken euch, Vögel der Samstagsbäume –
eure krakeelende Einsamkeit ist eine Warnung
für alle Leichtfertigen,
die ihre Schwüre vergessen,
die sie sich gaben beim Erwachen
in stimmlosen Hotels.

Der Weg durchs Feld,
vorbei an der Brücke und dem Krankenhaus,
auf den Metallklotz von Bahnhof zu.

Die Männer
fegen die Straße,
räumen Schnee,
tragen ihn von hier nach dort,
als würden sie die Heilige Schrift
aus dem Griechischen
ins Unsrige übertragen.

***

Niemand möchte
den Waldweg
unter den hohen Bäumen entlanglaufen.

Im Sommer bestrahlt zumindest die Sonne die Stämme,
und die Strecke erscheint nicht so endlos.
Doch das Monochrom des Winters schluckt die Illusionen,
wirft die Dinge auf sich zurück, entkleidet sie,
legt sie frei wie Uhrwerke.

Winterbäume sind wie ungereimte Gedichte,
kein Rhythmus, kein Wohlklang.
Das Leben ist, wie es ist,
man sollte es nicht den Konsonantenwechseln
anpassen.

Seid gesegnet, Bäume in den Mischwäldern,
die ihr den Halbwüchsigen in diesem Land gleicht:
eure Bereitschaft, dem feuchten Lehm zu trotzen,
eure Fähigkeit, mit eisernem Rücken die zu stützen,
die dem Wind nicht standhalten,
euer Einwachsen in das Regenherz des Landes.

Ihr sollt die Straßen säumen, die keiner zurückgeht,
ihr sollt die Steine halten, dass sie nicht ins Rollen kommen,
ihr sollt Bodenwasser
und Luftströme verbinden.

Früher Winter, modriger Landweg.
Fast unberührte Linien aus Schnee.
Fast unbetretener samstäglicher Raureif.
Eine Straße, auf der man selten jemanden sieht.
Aber irgendwer ist sie gegangen,
irgendwer ist heute hier gewesen.

Die Wolken treiben langsam
Richtung Osten.
Schmerzliche Spuren
von Frauenabsätzen
ziehen sich, ziehen sich
von der Bahnstation
zum Militärfriedhof.

***

Zu viel Politik, überall ist zu viel Politik.
Das Leben braucht unsere ständigen Korrekturen nicht.
Die Dichter pressen die Politik ins Leben
wie die Faust in den Boxhandschuh.
Bis sich die sensiblen Leser beschweren:
schon wieder Politik, haben sie denn keine anderen
Themen.

Viel zu viel Politik, beklagen sich die Leser,
reden wir doch lieber vom Himmel über der Stadt.
Einen herrlich hohen Himmel haben wir in diesem Jahr.
Reden wir doch lieber davon, wie er sich
im Auge einer Frau spiegelt.

Reden wir vom Himmel im Auge einer Frau.
Das tote Auge einer Frau, in dem sich
morgens die Zugvögel
und nachts die nördlichen Gestirne spiegeln.
Rot vom heißen Spätnachmittag,
regenbogenfarben von den morgendlichen Schauern,
das Auge, das vom Tod her blickt,
reden wir doch davon.

Oder reden wir von der Zukunft.
In Zukunft werden wir einen herrlich hohen Himmel
haben.
Unsere Kinder werden stärker sein als wir.
Warum reden die Dichter eigentlich nicht von der
radikalen
kindlichen Unbekümmertheit?

So ist es – unsere Kinder kennen den Preis für die
Staatsbürgerschaft,
Kinder, die, wenn sie zwischen Vertrauen und Sicherheit
wählen können,
sich immer für den trockenen Luftschutzkeller
entscheiden.
Warum reden die Dichter nicht mit ihnen?
Warum gelingt es den Dichtern besser, über Leichen zu
reden?
Warum gelingt es ihnen so gut, die Hilflosigkeit
der Erwachsenen zu rechtfertigen?

Reden wir doch wenigstens mit denen, die überlebt haben.
Wenn wir uns schon mit den Toten nicht einig geworden
sind.
Wenn wir es schon nicht geschafft haben, mit den
Gehenkten und Erdrosselten zu diskutieren.

Wie kann man über Politik reden in einem Land,
das sich mit seiner Sprache das Zahnfleisch verletzt?
Das eingängigste Manifest sind die Fleischstücke, die
man morgens auf den Märkten auslegt wie Zeitungen.
Die überzeugendsten Reime sind die gleichmäßigen und
dumpfen
Maschinengewehrsalven, mit denen man
verletzte Tiere tötet.

Alle waren gewarnt.
Alle kannten das Vertragswerk.
Alle wussten, der Preis würde unglaublich hoch sein.
Sagt ruhig, es ist euch zu viel Politik.
Redet von den sonnigen Horizonten.

Die letzten Schneefelder schwinden.
Die schlimmsten Bücher werden fertiggeschrieben.
Das Land kehrt wie ein Fluss zurück in sein Bett,
vertieft seinen Lauf,
findet unter Schmerzen zu seiner Navigation.

***

Später dann kein Wort mehr.
Nur die nachträgliche Ahnung,
die Gewissheit, dass du wirklich nichts vergisst,
dass die Erinnerung komplex ist wie ein Vogelflügel
und nicht alles an ihr sofort ins Auge fällt.

Der Atemzug, dem Luftmangel vorausgeht.
Ein Einatmen, dem ein Ausatmen folgen muss.

Im Dunkeln geht
die Lungenblüte auf.

Der Junge wird in einer Welt geboren,
in der es so viele Tiere und Bäume gibt.
Er wird geboren, dem Strom zu folgen,
von der Geburt bis zum Tod,
den älteren Männern nach.

Denen nach, die lehren, wie man
die reifsilbernen Stängel der Sprache befühlt, denen nach,
die lehren,
wie man den Wegerichen fremder Namen einen Kuss auf
den Hals gibt,
denen nach, die auf dem modrigen Pfad der Stimme
vorangehen –

die Erinnerung klingt
wie ein Horn, das von Hand zu Hand geht,
die Erinnerung besteht aus Stimmen
wie ein Schiff aus Stämmen,

solange du sie noch ausmachen kannst, bricht
die navigatorische Basis der Vergangenheit das Wasser.

Der Junge berührt die bunten Vögel
auf den schwarzen Witwenkleidern,
berührt die toten Hahnenkämme,
die in der Dämmerung flammen wie Blumen.

Grobe tiefe Risse in den Kehlen der Tiere.
Satte Töne und pralle Farben
in den heiseren kindlichen Albträumen.

Die Kinder in den Bäuchen der Frauen sind
wie Glocken in Türmen –
verlässlich schlagen sie zur gegebenen Stunde.

Die Welt ist betäubt von Stimmen und Farben.
Am Himmel wächst ein neuer Mond.
Neue Bäume werden gepflanzt,
als würde eine neue
Rechtschreibung eingeführt.

Neue Rechtschreibung

1
Einigen wir uns am besten gleich
auf die Bedeutung bestimmter Wörter.

Unser Unglück ist, dass wir uns nicht trauen,
die Dinge bei ihrem Namen zu nennen.

Wir bringen die Namen durcheinander,
nennen diejenigen, die leben,
beim Namen der Toten
und lassen die Sprache des Todes auf unser Territorium.

Woran denken wir, wenn wir Freude sagen?
Womit vergleichen wir sie?
Gefangen in mitternächtlichen Liebesbekundungen,
in der Auflehnung gegen das Böse in der Welt,
kennen wir die Namen der Bäume,
kennen wir die Namen der Vögel,
aber wie wir diesen Zustand nennen sollen,
wenn sich ein Metallfaden
durch den Atem zieht,
weil du im Morgenlicht wieder
die schmale verschattete
Schulterlinie siehst,
wissen wir nicht.

Es geht darum, sich besser nicht verführen zu lassen
von Enzyklopädien und Wörterbüchern.
Es geht darum, besser zu sagen, wie es ist.

Der Himmel gleicht nur sich selbst.
Auch der Stein gleicht nur sich selbst.
Bäume aber gleichen Fremdsprachen.
Dieselbe klare rätselhafte Struktur.
Dieselbe Menge Adjektive.

2

Einigen wir uns auch am besten gleich darauf,
wie ein Gedicht zu sein hat.
Das ist ja nun ganz einfach.
Jeder, der sich ein bisschen
mit der Mittelmeerküche der Dichtung auskennt, weiß,
wie ein Gedicht zu sein hat.

Ein Gedicht muss einfach sein.
Nicht komplizierter als das Alphabet.
Ein Gedicht muss kurz sein.
Ein Gedicht muss wie ein Rezept sein.
Gedichte müssen leicht auswendig zu lernen sein
wie die Nummer im Pass.

Einigen wir uns darauf, dass keiner
das Recht hat, Dichtung zu verkomplizieren
und damit auch sich selbst und seinen Angehörigen
das Leben zu verkomplizieren.

Und wie geht man dann mit der Sprache um?
Die Sprache erschafft sich selbst.
Die Sprache widerspricht sich selbst.
Die Sprache schöpft die eigenen Möglichkeiten aus.

Die Dichter kommen zum Sterben
in die leeren Bibliotheken.
Die Bibliotheken werden davon
nicht populärer.

3
Wir müssen uns auch darauf einigen,
worüber wir nicht schreiben.

Dichtung beginnt dort,
wo dein Wortschatz endet.
Die Sprache braucht die Stimme,
wie die Zivilisation die Flüsse braucht.

Beklagt euch doch über das Fehlen guter Dichtung.
Trauert der gestorbenen Literatur nach.
Werft den Dichtern ihre Kraftlosigkeit,
ihre Einsamkeit,
ihren Atheismus vor.

Fangt an,
hört nicht auf,
lasst euch dieses Vergnügen nicht nehmen.

Die Dichter fassen all das später sowieso in einen Reim.

4
Begrenzt sind die Möglichkeiten der Dichtung.
Still ihre Stimme.
Eine Stimme, mit der man Todkranke um Verzeihung
bittet.

Aber auch mit dieser Stimme kann man
von jener Frau erzählen,
davon, wie sie morgens
mutig die Post beantwortet,
davon, wie sie entschlossen hinterm Fenster
die Morgenwolken zählt.

Irgendwann kommt der Moment der Entscheidung,
der lässt sich nicht umgehen,
sie öffnet den Schrank und wählt ihre Kleidung.

So entscheiden kluge Herrscher über die Religion
für ihr Volk.

***

Ein Gedicht, das aus Schweigen und Stille besteht.
Aus Knoten, mit denen die Boote gesichert sind,
die am Ufer schaukeln,
außerstande, sich ins Ungewisse zu stürzen,
unfähig, die Halterungen zu lösen.
Ein Gedicht, einem Arm gleich, der ans
Kreuz geschlagen ist.

Bücher, die uns die Freude des Unausgesprochenen
schenken.
Frag mich, frag mich alles, was dich bewegt.
Ich habe das Schreiben,
ich habe tausend Mittel, dir ehrlich zu antworten,
ich habe tausend Möglichkeiten,
beim nächsten Mal nichts zu sagen.

Hier habe ich die erste Begeisterung über deinen Namen
nicht erwähnt.
Hier habe ich nichts gesagt, als du das Gespräch zum
ersten Mal unterbrachst.
Hier habe ich manches über das Dunkel verschwiegen, als
es plötzlich
über uns hereinbrach auf der leeren Straße,
bei den abendlichen Feuern.
Habe manches verschwiegen, habe den Apfelzweig der
Zeit gebrochen,
eine Pause gesetzt im Reifen des Herbstes.

Und jetzt besteht dieses Gedicht aus dem Vorwurf der Stängel,
aus dem gekränkten Atmen des Baums.
Ein gebrochener Rhythmus wie ein gebrochener Zweig.
Sprache als Knoten, der uns fest bindet bis zum Winter,
Sprache als Narbe, die uns weniger an den Schmerz
als an die Heilung erinnert,
Sprache als Mittel, Atemzüge und Küsse
in Menschlichkeit zu kleiden.

Während wir warten und schweigen,
brechen die Vögel nach Süden auf,
und die Kupferbäume klirren im Wind
wie Waffen.

Der Winter kommt, es kommt das Jahresende.
Das Zweistromland bleibt verschneit.
Licht kommt zwischen uns.
Die Waldränder markiert der Schnee.

Fest sind die Knoten gezurrt.
Fest binden sie.
Keiner kann sie lösen.
Keiner traut sich.

***

Und wenn es auch nicht für die Stimme sein soll, für das
Skandieren auf der Straße,
unter Bäumen, die bei jedem gehörten Wort
verständnisvoll nicken.

Dann soll es eben wie in einem Gespräch unter Kindern
sein,
die zum ersten Mal das Meer gesehen haben und erklären
wollen, was Wellen sind.

Wie nennst du das Ablagern von goldenem Sand aus
Mitgefühl
in den Strömen der Sprache, dieses mühsame stündliche
Anreichern des Bodens mit Gewicht?

Wie nennst du das Verschwimmen des Regens im
mitternächtlichen Meer?
Was ist das für ein Ton? So klingen Lungen, wenn sie
atmen –
irgendwo am Rande der Stille, jenseits des Echos.

So klingt die Regung der Stimme in der Kehle, kurz vor
der Äußerung,
einen halben Atemzug vor dem Laut. Buchstaben, die erst
zu
Klang werden, sich noch in den Werkstätten des Schreis
formen.

Dann soll es eben etwas anderes sein, das eine Rohfassung
des Flüsterns bleibt, eine Zeichnung an den Ufern,
ein Versuch, dem dann doch der Mut fehlte.

Das, was ich hätte sagen sollen – Sätze, die sich Vögel
aus den Seiten unserer Bücher picken, deine und meine Versuche,
die Sprache umzuändern, sie all jenen zugänglich zu machen,
die keine Worte für Dank und Zweifel finden.

Das, was wir in diesem September nicht ausgesprochen haben,
wird uns verfolgen und bedrängen
wie die alte Angst vor der Einsamkeit.

Das, was ich behalten, was ich nicht mit den städtischen
Akazien – stachelig und wissbegierig wie Scheidungskinder –
geteilt habe.

Die Zeit wird fixiert mit Stimme und Feuer.
Die Kälte zieht die Grenzen von Vertreibung und Rückkehr.
Das Wichtigste beginnt –
die Notwendigkeit, Verantwortung zu übernehmen für das,
woran du wirklich glaubst.

»Seid ihr bereit?«, fragt man jene, die für immer gehen.
»Seid ihr bereit?«, fragt man jene, die für immer bleiben.

In der Nacht steigt schon das grausame Wasser.
Die Sprache wird befestigt
wie eine Uferlinie.

Zweiter Teil
Antenne

I

1

Liebesgeschichten beginnen morgens,
im kalten Zimmer, wo die beiden
im fahlen Morgenlicht versuchen
sich fest in die Augen zu schauen,
dem Blick standzuhalten,
das eben Gesagte nicht zu bedauern,
das eben Getane nicht zu bereuen.
Wenn einer es nicht mehr aushält –
wer wohl? Er hält es nicht mehr aus –
er schaut ihr über die Schulter,
entdeckt die Regenleute vorm Fenster –
dann tritt etwas in seinen Blick,
was man Liebe nennen würde.

Liebesgeschichten gehen noch am selben
Abend zu Ende, irgendwo draußen, wenn die beiden
plötzlich so einsam sind wie kalte Hände,
die in verschiedenen Manteltaschen stecken.
Ist doch egal, welche Hand einsamer ist.
Ist doch egal, welche kälter ist.
Ist doch egal, wem man grollt.

Zwei Tage schon reden sie nicht mehr miteinander.
Mit ihr ist es einfacher, aber er,
seht ihn euch doch nur an.
Wie er mit der Vergangenheit abrechnet.
Wie er ihr alle Sünden aufzählt.
Er zielt mit den Fäusten auf die Erinnerung
wie auf die Leber des Gegners,

zielt auf die empfindlichsten Stellen:
rächt sich für die Leichtigkeit,
rächt sich für die Offenheit,
rächt sich für die Dreistigkeit,
in die Zukunft zu schauen,
rächt sich für die Frechheit,
Dinge vorwegzunehmen.

Wer hat dich gelehrt, dich an dir selbst zu rächen?
Wer hat dich gelehrt, dir selbst nicht zu vergeben?
Wo lehrt man die seltsame Technik des Kampfes im Rausch –
den eigenen Schatten zu Tode zu prügeln,
mit Steinen nach dem eigenen Spiegelbild
im Schaufenster des Buchladens zu werfen?

Nur dass er nicht antwortet.
Nur dass er weiter gegen sich kämpft.
Er kämpft gegen die ganze Welt für das Recht,
diese Welt zu hassen.
Er fordert von der Welt die sofortige Kapitulation.

Die Welt würde gern kapitulieren.
Die Welt hat ja nichts zu verlieren.
Die Welt ist bereit, die Waffen zu strecken.
Doch er redet schon seit zwei Tagen nicht mehr mit ihr.
Und sie redet schon seit zwei Tagen nicht mehr mit ihm.
Schon seit zwei Tagen reden sie nicht
mit der Welt.
Wie soll die Welt also bitte verstehen,
was sie überhaupt
wollen.

2
Tabakfabriken

Ich versuche jetzt,
das mit eigenen Worten wiederzugeben.

Dabei aber nicht über ihn zu sprechen.
Dabei aber nicht über sie zu sprechen.
Sondern über das Wichtigste zu sprechen.

Das Wichtigste ist, dass keiner
der Versuchung widerstehen kann, hoffnungslos verliebt
zu sein,
hoffnungslos und unglücklich,
keiner versagt sich das Vergnügen,
von der Liebe ausgeschlossen zu werden
wie aus der Gemeinde, in der wir irgendwann
getauft wurden.

Und um nicht weiter
über ihn zu sprechen,
nicht über sie zu sprechen,
spreche ich über das, was
unwichtig,
über das, was verzichtbar ist.

Auf die Fähigkeit zu weinen
können wir verzichten,
wenn uns die Freude überwältigt,
auf den Wunsch zu leben
können wir verzichten, wenn uns der Tod überwältigt,
wir können verzichten,

aber
solange wir nicht verzichtet haben,
so lange

verlieben sich Männer,
wie Wale am Ufer stranden –
ohne jede Chance auf Rückkehr.

Die Frauen arbeiten weiter
in den Tabakfabriken,
und der Tabak lässt sich nicht auswaschen
aus ihren Kleidern.

Mit eigenen Worten lässt sich das
wahrscheinlich so sagen:

Sollen doch die Fabriken ruhig laufen,
soll der Tabak ruhig krümeln,
soll er sich doch in Taschen und Falten festsetzen,
ich weiß, dass niemand je verzichten wird,
ich weiß, dass niemand auf das Wichtigste verzichten wird –

ans Ufer zu springen,
ans Ufer zu springen,
zu springen und nichts zu bedauern.

3

Wie schreibt man Gedichte?
Dieser August ist so heiß, er gleicht
einem Stein, der aus dem Feuer geholt wurde.
Wie lange brauchst du, Stein, um abzukühlen,
wie lange glüht dein Augustherz?

In diesen Tagen ist die Luft schwer und reglos.
Auf den Stufen im Treppenaufgang scharfe Strahlen
wie auf den Ikonen, in der Szene,
als Jesus plötzlich zweifelt.
Und keiner schreibt Gedichte.
Seht her, sagen die Dichter, die Literatur ist doch
machtlos gegen Licht und Reglosigkeit,
keiner hat die Kraft zu sprechen,
wenn die Kehle derart brennt.

In der Nacht kommt sie zu ihrem Haus,
betritt den dunklen Aufgang, nimmt
die erste Stufe.
Bewegt von ihrem Fuß,
füllt sich die Luft mit Verlangen wie eine Welle,
rollt bis auf die andere Seite der Nacht,
das Dunkel drängt zum unsichtbaren Ufer,
nimmt dir gleichmäßig und hartnäckig die Luft,
unterbricht deinen Atem,
rhythmisiert das Schweigen.

Der Rhythmus des Augustmeeres,
die reimschwangeren Quallen, gestrandet, um zu sterben,
du atmest Jod ein,

atmest Dichtung aus,
um nicht an Kränkung und Glück zu ersticken.

4

Und irgendwann geraten sie in Streit.
Was heißt Streit, er will, dass alles wieder wird wie früher,
und sie will, dass Schluss ist –
ein für alle Mal.
Dass alles zu Ende,
dass nichts gewesen ist.
Dass sie nur davon erwacht,
dass die Sonne vor ihrem Fenster steht und sich weigert
weiterzuwandern, bis sie aufgestanden ist.
Dass jeden Abend die Kinder vom Fluss
kommen mit weißem Sand im Haar.
Dass man nachts den Atem
all der Männer hört, die auf traurigen Kissen
einschlafen.

Er bittet sie immer wieder, sich zu fangen,
er versteht nicht, was sie sagt,
was sie will.

Der Mond rundet sich von Nacht zu Nacht.
Es warten noch so viel Rauch und Licht.
Es warten alle Verlockungen des Lebens.
Bange Kühle am Fluss.
Im zweiten Monat schwanger.

5

Und nach zwei Jahren Schweigen,
nachdem sie sich beharrlich
aus dem Weg gegangen sind,
keine Glückwünsche getauscht,
den Kontakt zu gemeinsamen Freunden
abgebrochen haben,
sehen sie sich zufällig
auf der Straße,
und aus alter Gewohnheit
begrüßen sie sich sogar freudig.

Was war vor zwei Jahren?
Graue Luft, vom Schreien erfüllt.
Ein Koffer, voller zerrissener Kleidung.

Man muss mit der Welt reden, sagt
sie, als sie ihn verlässt.
Man kann sich mit ihr verständigen.
Man muss die richtigen Worte finden.
Man muss sich trauen, ihre Sprache zu sprechen.

Und er weiß nicht, was er ihr antworten soll.
Ihm fehlen die Worte.
Er traut sich nicht, ihr etwas zu sagen.

Schweigend
stehen sie da,
keiner will sich zuerst verabschieden,
jeder will stärker scheinen
als er wirklich ist.

Die Fältchen um seine Augen
sind noch tiefer geworden,
stellt sie fest, von Schlaflosigkeit und Trauer,
und die Finger noch gelber
vom Tabak,
und die Kleidung, dieselbe Kleidung
wie schon vor zwei Jahren, denkt
sie neidisch.

Krasse Turnschuhe hat sie, stellt er fest,
und die Haare hat sie sich feuerrot gefärbt,
zum Verbrennen,
und die Lippen, was für Lippen sie hat, denkt er,
heiß und vom Wind rau:
Vielleicht küsst sie sich lange und glücklich mit jemandem
in diesem Wind,

doch wahrscheinlich steht sie immer noch
tagelang draußen, im Regen,
und verteilt
unnütze
Flyer
mit Werbung für Englischkurse.

6

Jeden Morgen,
seit zwei Jahren schon,
ihre Einträge im Netz lesen,

merken:
sie denkt immer noch an mich,
sie spricht immer noch mit mir
sie schreibt immer noch über mich –

wenn sie über die Nachbarn schreibt – schreibt sie über mich,
wenn sie über neue Kleider schreibt – schreibt sie auch über mich,
und vor allem – wenn sie über das Wetter schreibt.

Mit wie viel Unmut und Empörung
sie über die Schlechtwetterfront
schreibt.

7
Die paar Wochen,
wenn man dem
rotgelben Blättersterben zusehen kann.
Die Bäume stehen da wie Krebskranke –
schon jetzt ist klar, wie alles endet,
schon jetzt lässt sich alles erahnen,
schon jetzt weiß man, dass der Tod gewinnt,
er aber später doch
weichen muss.

Dem Gold zusehen, das vergeht,
dem Wasser zusehen, das fließt.
Die angespannteste Zeit.
Die Zeit, wenn du
die Luft auf einmal
zu lieben beginnst.

Und da erzählt sie
vom Tod ihres Vaters,
von Unbarmherzigkeit und Unvermeidlichkeit.
Und er hört zu und wartet,
hört zu und wartet,
dass sie fertig wird,
dass er sie endlich
umarmen
kann.

8

Lange stehen sie auf dem Bahnsteig.
Wissen nicht, ob sie auseinandergehen oder bleiben sollen,
wissen nicht, worüber sie reden,
was sie mit ihren Händen machen sollen.
Der Himmel ist schwarz und reglos.
Nichts bleibt von den Atemzügen und Worten.
Nichts bleibt von der Berührung des warmen Stoffs.
Das Herz pumpt himbeerrotes Blut,
wie ein Flussbett alles Wasser der Welt in sich fließen lässt.
Und solange das alles nicht verschwunden ist,
solange der schwarze Himmel nicht verschwunden ist,
solange es die Chance gibt, wenigstens irgendwas zu teilen –
bleibt nur küssen auf dem Bahnsteig,
zusammen mit dutzenden anderen Vertriebenen,
zusammen mit dutzenden anderen, die wenigstens
irgendwas teilen,
wenigstens irgendwas hinterlassen wollen.

O du Land mit den negativen Schlagzeilen
wie kranke Lungen –
du kannst dich nur selbst heilen,
du kannst nur von allein gesund werden.
Küss jene, die an nichts glauben,
küss jene, die den Mut verloren haben.
Schenk ihnen die Reste von süßem Sauerstoff.
Schenk Luft
denen,
die ersticken.

9
Kalte Morgenluft.
Niemand auf der Straße, nur Vögel.
Er steht an der Haltestelle, ein Päckchen in der Hand.
Hin und wieder bläst er in die steifen Hände,
vermisst die vergessenen Handschuhe.

Ein anderer fährt in seinem Auto heran,
erkennt ihn von weitem.
Hält an, geht zu ihm hin.

Der mit dem Päckchen zögert,
will ihm die Hand geben,
nimmt sie vors Gesicht und bläst hinein,
als wollte er sich wärmen.

Schweigend schauen sie sich in die Augen.
Schweigend hassen sie sich.
Ein kalter Samstagmorgen,
kalte Herbstluft.

Irgendwann hält er es nicht mehr aus, übergibt das Päckchen,
und ohne sich zu verabschieden, läuft er runter in die Metro,
wo ihm langsam wärmer wird.

Der andere bleibt noch lange stehen,
spürt die Kälte nicht,
hält das Päckchen in den Händen
mit den Sachen der Frau,
mit der er lebt,
die er liebt.

10

Noch ein Gedicht,
um ihr zu beweisen, dass die Erde
flach und flüchtig ist,
dass ihr die Teufel aufspielen,
dass die Heiligen auf ihrer Oberfläche tanzen,
wenn sie von den Himmeln herab zu den Dorfhochzeiten kommen.

Noch ein paar Worte,
die ihr Verständnis von der
Natur des Göttlichen ändern,
die sie davon überzeugen sollen,
dass das ganze Weihnachtsgeschäft
irgendwann mit dem Jüngsten Gericht endet,
dass die Toten auferstehen und sich
einen Platz unter den Lebenden suchen.

Jetzt muss sie mir glauben,
jetzt kann sie nicht so tun,
als wüsste sie nichts,
jetzt muss sich alles ändern,
nach diesem Gedicht,
nach einem weiteren Gedicht.

Womit kann man die Schlösser an den Herzen sprengen?
Nur mit Worten, die auf den Kopf
gestellt sind.
Wie kann man eine fremde Liebe beschwören?
Nur mit Gedichten, geschrieben
auf die Bibelseiten

mit den ausführlichen Darstellungen
der Offenbarung.

Und doch fängt ein weiterer Winter an.
Und doch bricht ein weiteres Gespräch ab.
Die herrliche Welt erstarrt in Erwartung von Wundern.
Keiner lässt sich von irgendwas überzeugen.
Keiner glaubt an das Jüngste Gericht.
Und an die Dichtung glaubt auch keiner.

Umso schlimmer für euch.
Umso schlimmer.

II

1

Wenn der Mond größer wird,
wenn der Mond größer wird,
geht die Frau durch den Garten,
sieht nach den Blumen.
Hinter ihr das Haus.
Still und leer.
Still am Tag.
Still gegen Abend.
Keine Kinderstimmen.
Kein Gesang.
Wenn der Mond größer wird,
wenn der Mond größer wird,
müssen die Fehler auf den Blumenbeeten korrigiert,
muss das Gras erzogen werden.
Keiner sagt dem Mond was,
keiner sagt dem Mond was.
Wenn er groß ist, wird er alles verstehen.

2

Warum hat sie bloß
die Wohnung
an der Kathedrale gemietet.
Früh um sieben läuten die Glocken.
Sie hält kurz inne,
lauscht auf das Kruzifix an ihrem Hals.
Und flüstert:
weiter, mach weiter.

3

So, und jetzt reden sie nicht,
sprechen nicht miteinander.
Sie leben wie im Flusswasser:
Es ist mühsam, doch du bewegst dich.
Es ist mühsam, doch du atmest.
Fische sind wie Telefonhörer –
du hältst sie ans Ohr und hörst nichts.
In dieser Tiefe
ist gar kein Netz.

4

Den ganzen Tag
wogt das Meer heran und weicht zurück,
wirft mit Möwen
wie mit Servietten nach dem Kellner.
Den ganzen Tag
lamentiert sie und streitet,
bemitleidet,
verachtet sich.

Den ganzen Tag
windet sich
das Salzwasser vor Ohnmacht.
Den ganzen Tag
legt sich der Sand
dem Meer an den Gaumen.
Den ganzen Tag
läuft sie am Ufer entlang,
trampelt wütend
über die feuchten Zeitungsspalten des Sandes.

Sie sitzt am Ufer
und versucht mit ihrer Wut klarzukommen.

Auch das Meer
sitzt da und versucht
mit seinen Schiffen klarzukommen.

5

Am Morgen ist die Haltestelle fast leer,
nur zwei warten auf die Straßenbahn.
Ein Mann im fleckigen Overall,
wahrscheinlich ein Bauarbeiter,
der von der Nachtschicht kommt.
Eine Frau im dunklen Kleid,
müde, mit Resten von Wimperntusche unter den Augen,
die wahrscheinlich die ganze Nacht nicht geschlafen hat.

Der Mann hält eine Tüte
aus der Apotheke in der Hand.
Die Frau hält einen Strauß Rosen.

Der Frau fällt der frische Gipsverband
an seiner rechten Hand auf.
Ihm fällt auf, dass ihr Strauß
sechs Rosen hat.

Er zählt.
Tatsächlich sechs.

6

Heiße Sommerluft,
eine staubige Sonne,
die Bienen holen sich den Honig einfach
aus dem kindlichen Atem.

Reisende hasten
abends zum Bahnhof,
rennen zum Nachtzug,
hetzen durch die Straßen,
Koffer auf dem Rücken,
sie schauen auf die Uhr,
rufen sich etwas zu,
gereizt.

Allen voran läuft Jesus,
das Kreuz auf dem Rücken,
er hastet,
hinkt,
treibt jene an, die zurückbleiben.

Ein warmer Sommerabend,
Licht in Milchkrügen,
süßer Grasduft an den Haltestellen.

Geschwind erreichen sie das Ziel,
geschwind kreuzigen sie Jesus,
geschwind überlassen sie die dösende Wache dem Schlaf.
Verabschieden sich,
steigen ein,
lassen Frauen und Kindern den Vortritt.

Nachts liegen sie auf ihren Pritschen.
Breiten weiße Tücher über ihre Körper.
Lauschen dem Gesang der Zikaden auf den Tamburen.
Der Schaffner kommt und staunt:
Wie nur können sich
so viele verschiedene Menschen
in einem einzigen Wagen zusammenfinden.

7

Der Sommer beginnt.
Unecht noch, vorläufig.
Doch auch darüber freut sich schon jeder.

Selbst die Musikschüler
freuen sich über die Gelegenheit,
eine Zeitlang in der Stille zu verweilen, ohne die schmerzenden
Töne der Klassik.

Alles entfaltet sich und nimmt seine
wahre Form an.
Das große Gleichgewicht des Sommers
wird errichtet auf dem Platz
wie eine Bühne.
Noch schreckt niemanden
das gnadenlose Herannahen des Todes.

In den sonnigen Gärten
stehen Bäume,
deren Äpfel noch nicht reif sind –
wie Musikinstrumente,
die noch keiner gestimmt hat.

8

Sonntagsschule.
Der Schulhof liegt zum Flussufer hin.
Der Priester schimpft mit den Arbeitern,
die die Straße in Stand setzen.

Blühende Iris,
ein hoher Himmel überm Flussbett.

Die Kinder betrachten Zeichnungen.
Die Lehrbücher verkünden
das Wichtigste:

Die Toten entsteigen den Särgen
wie der Metro an der Endstation.
Jesus am Kreuz
wie der Schutzmann auf der Kreuzung –
keiner versteht,
was er eigentlich will.

9

Und auch dieser Sommer geht zu Ende.
Zurück bleiben private Obstgärten,
verlassenen Frauen gleich –
neu lernen, Zärtlichkeit zu teilen,
neu lernen, die Natur zu lieben.

Wenn du noch nichts geschafft,
noch nichts gesehen hast.
Wenn du erst spät das
Spinnennetz in der trockenen Luft bemerkst.

Zuletzt kommt die Sonne.
Sie hetzt, sie rennt.
Als käme sie zu spät
zu jemandes Begräbnis.
Als könnte sie etwas wettmachen.
Sie verharrt, sie zögert.

Schließlich nimmt sie den Weg,
den ihr die Sonnenblumen weisen.

10

In den zweitausend Jahren hat die Menschheit all ihre Genies verraten.
Die Welt hängt in Rechtfertigungsversuchen fest.
Die Welt zeigt sich hoffnungslos ungeeignet für das Leben.
Zur Rechtfertigung hat sie die Literatur erfunden.

Da kommen die Jungs aus der Sonntagsschule gerannt.
Und bleiben im Hof vor dem Kruzifix stehen.
Der weiße Schnee blendet mit seiner Makellosigkeit.
Die Welt ist ein Vergnügungspark,
in dem der Tapferste siegt.

Sie werfen Schneebälle nach dem Erlöser.
Versuchen, den Brustkorb zu treffen.
Kneten den Schnee mit steifgefrorenen Fingern.
Überbieten sich in Eifer und Treffsicherheit.

Und der Erlöser am Sperrholzkreuz
erträgt alles demütig, wie es seine Art ist.
Erleidet den Tod für die Sünden dieser Kinder.
Das Einzige, was ihn umtreibt, sind ihre steifgefrorenen Finger.

Demut rechtfertige alles, denkt er.
Eine Lähmung, denkt er, sei mit einem leisen Wort zu heilen.
Deshalb hält er das Herz schweigend in den blendenden Schnee –
so makellos und so tödlich.

Aber in Wirklichkeit liegt er falsch.
Niedertracht lässt sich nicht rechtfertigen.
Mit einem leisen Wort lässt sich höchstens der Aufseher
provozieren.
Und die tapfersten der Jungs werden zweifellos
Dichter und Propheten.

III

Seit drei Jahren reden wir über den Krieg

1

Ein Bekannter hat sich freiwillig gemeldet.
Ein halbes Jahr später ist er zurückgekommen.
Wo er war, weiß keiner.
Wovor er Angst hat, sagt er nicht.
Aber er hat Angst.
Es scheint sogar,
er hat vor allem Angst.

Als er ging, war er ganz normal.
Vielleicht hat er ein bisschen viel geredet.
Über alles Mögliche.
Über alles, was er zu Gesicht bekam.

Zurück kam er
als ein völlig anderer, als hätte
ihm einer seine alte Sprache genommen
und keine andere gegeben.

Jetzt sitzt er den ganzen Tag auf dem Bett
und lauscht den Dämonen in seinem Kopf.

Der erste Dämon ist zornig,
er kocht vor Wut, will
alle Lebenden bestraft sehen.
Der zweite ist demütig,
redet von Vergebung,
spricht leise,

berührt das Herz mit Händen,
an denen Schwarzerde klebt.

Doch der dritte Dämon ist der schlimmste.
Er gibt beiden recht.
Bestätigt, widerspricht nicht.

Wenn er geredet hat,
kommen die Kopfschmerzen.

2

Seit drei Jahren reden wir über den Krieg.
Wir haben gelernt, über unsere Vergangenheit zu sprechen und über Krieg.
Wir haben gelernt, Pläne zu machen, ausgehend vom Krieg.

Wir haben Wörter, um unsere Wut zu äußern.
Wir haben Wörter, um unser Mitleid zu äußern.
Wir haben Wörter, um unsere Verachtung zu zeigen.
Wir haben Wörter für Flüche, für Gebete,
wir haben alle unverzichtbaren Wörter,
um in den Zeiten des Krieges über uns zu sprechen.

Es ist uns sehr wichtig, in Zeiten des Krieges über uns zu sprechen.
Wir können nicht anders, als in den Zeiten des Krieges über uns zu sprechen.
Wir halten es für fahrlässig, über uns zu schweigen.

Jeden Morgen reden wir über den Krieg.
Wir stehen vor dem Spiegel und reden über den Krieg.
Wir reden mit dem, den wir vor uns sehen.
Kluge Worte.
Kluge und überzeugende.
Kluge Fragen,
kluge Antworten.

Jeden Morgen erinnern wir alle an die Zahl der Gefallenen.
Nachmittags freuen wir uns über das Sonnenfeuer vorm Fenster.
Über das frische Gras, das die toten Steine durchbricht.

Gegen Abend erinnern wir dann wieder alle
an die Zahl der Gefallenen.

Es ist uns sehr wichtig, alle an die Zahl der Gefallenen zu erinnern.
Es ist uns sehr wichtig, dass wir es sind, die die Zahl der Gefallenen erwähnen.
Es ist uns sehr wichtig, dass man die Zahl der Gefallenen
von uns erfährt.

Wir lassen niemandem eine Chance.
Wir zerschneiden die Wirklichkeit mit der Gartenschere,
geben ihr eine Bewertung
stellen ihr eine traurige Diagnose.

Seit drei Jahren verteilen wir Bewertungen.
Seit drei Jahren reden wir vor dem Spiegel.
Man muss keine Angst haben, grausame Fragen zu stellen.
Und vor unbequemen Antworten muss man auch keine Angst haben.

Nur die einigermaßen Gefestigten
sagen es laut.
Die weniger Gefestigten – leise.

Auf die Zahl der Gefallenen hat das
jedenfalls keinen Einfluss.

3

So eine Familie sind sie jetzt.
So sind ihre Familiengespräche.
Sie haben ausgemacht, nicht zu streiten,
um den August irgendwie durchzustehen
unter dem Beschuss.

Deswegen
sprechen sie nicht über Politik,
um nicht zu streiten,
sprechen sie nicht über Kirche,
um nicht zu streiten,
sprechen sie nicht über Gott,
um nicht zu streiten.

Sprechen nicht über Angehörige,
die gegangen sind.
Sprechen nicht über Freunde,
die geblieben sind.
Sprechen nicht über den jungen Kerl aus dem Haus gegenüber,
der an der Front ist.

Sie erwähnen ihren Nachbarn.
Den Nachbarn, ja.
Der Nachbar ist tot.
Der Nachbar tut ihnen leid.

Gott ist zwar auch tot.
Aber irgendwie tut der einem nicht leid.
Absolut nicht.

4

In den zwei Jahren, die er fort war,
hat sie hin und her überlegt.
Wechsle ich das Schloss aus?
Oder nicht?
Kommt er zurück?
Oder nicht?

Sie hat es dann doch nicht ausgewechselt.
Vielleicht hat sie geahnt,
dass er zurückkommt.
Wenn er zurückkäme, würde sie ihm alles sagen.
Was sie von ihm hält
und von der ganzen Sache –
das würde sie ihm unbedingt sagen.
Auch die abgebrochene Schwangerschaft.
Von der er diese zwei Jahre nichts gewusst hat.

Als er dann zurückkam
(ohne die Schlüssel, die hatte er irgendwo verloren),
sagte sie nichts.
Und auch er sagte nichts.
Sie vereinbarten, weniger zu sprechen.
Vor allem nicht über Politik.
In unserer Lage über Politik zu sprechen
ist so, als würde man auf der Lungenstation über den Tod sprechen:
Irgendwer hat mit Sicherheit etwas dagegen.

Aber egal worüber du sprichst – alles ist Politik.
Das Brot zu Hause ist Politik.
Die Schule an der Ecke ist auch Politik.

Der Vorfrühling, der den Himmel mit süßem Rauch
tränkt,
ist ebenfalls Politik.
Politik ist in den Gesten, Politik ist im Atem,
Politik ist in den Stimmbändern,
die Ruhe brauchen.
Am dritten Tag gerieten sie in Streit,
sie konnten sich die Dusche nicht teilen.

Am Morgen darauf packt er wieder seine Sachen.
Sie schaut den Himmel an wie die Milch,
die gleich zu kochen beginnt.
Zu spät, uns Freude und Vergnügen zu lehren, denkt sie
sich.
Zu spät, die Schleusen zu flicken, durch die so viel Wasser
abgeflossen ist.

Das Leben ähnelt einem Haus, in dem man einen
Erhängten gefunden hat.

Zu spät, die richtigen Worte zu wählen.
Zu spät, neue Schlösser einzubauen.

5

Sonnenschein, eine Terrasse, viel Grün.
Zwei junge Leute,
Studenten sicher, sie sitzen da,
warten auf ihre Bestellung.
Auf dem Tisch Mitschriften,
Unterlagen in einer Mappe,
sicher machen sie eine Pause zwischen zwei Seminaren,
essen was und laufen weiter.
Ganz ernst, ganz erwachsen.

Und sonst?

Sicher wohnen sie zusammen,
kochen tun sie nicht gern,
essen, wie's gerade passt.

Bloß keine Zeit vertun für die Küche.
Bloß keine Zeit vertun für Kleinkram.
Mit dem Leben sollte man es halten wie mit Kleidung,
du probierst sie an, ehe du sie kaufst.
Man sollte lernen, das Leben nicht zu vertun
mit Kinkerlitzchen.

Irgendwann wird sie auf jeden Fall ein eigenes Haus haben.
Irgendwann wird er auf jeden Fall einen guten Job finden.
Es will alles gelernt sein,
es will gelernt sein, die richtigen Worte
zu finden, um über
Liebe und Menschlichkeit zu sprechen.

Staub, Blumen, viel Grün.
Frühling des vergangenen Jahres.

Das ist das einzige Foto, auf dem wir zusammen drauf
sind, erzählt sie.
Ich habe mich gerade über ihn geärgert,
siehst du, ich schaue sogar weg,
ich rede gar nicht mit ihm.
Dann kam der Krieg.
Er ist gegangen.
Das war's.

6

Eine Frau läuft die Straße entlang.
Bleibt vor einem Laden stehen.
Zögert.
Ich müsste Brot kaufen, es ist nicht mehr viel da.
Jetzt oder besser erst morgen? überlegt sie.
Sie holt das Handy raus.
Ruft ihre Mutter an.
Wird laut, hört nicht zu,
schreit los,
steht schreiend
vor dem Schaufenster.
Als schreie sie ihr Spiegelbild an.
Sie legt auf, ohne die Antwort abzuwarten,
läuft weiter und verflucht
ihre unsichtbare und deswegen noch
verhasstere
Mutter.

Weint aus Groll gegen sie
und aus Unfähigkeit, ihr zu verzeihen.
Vergisst das Brot.
Vergisst alles auf der Welt.

Gegen Morgen beginnt
der erste Artilleriebeschuss.

7

Noch so eine merkwürdige Geschichte.
Eine Geschichte über unsere Illusionen
und unsere Ohnmacht.

In der Bibliothek hielt sie sich immer
an die Regale mit den Büchern
ihrer Lieblingsautoren.
Sie stand davor,
wie Frauen morgens vor dem Spiegel stehen:
zuversichtlich und doch zweifelnd.

Dichter mit reinen Reimen
irren sich nie.
Sie wissen immer einen Ausweg.
Sie trösten in jeder Not.

Eines der ersten Geschosse
traf die Bibliothek.
Lehrbücher flogen durch die Straße
wie aufgerissene Kopfkissen,
und Buchstaben schwebten in der Juniluft
wie die Asche ausgebrannter Synagogen.

Die Dichtung hat doch nicht gerettet.
Die Dichter haben geschwiegen.
Keiner fand einen reinen Reim
auf den Namen der zerfetzten Schülerin,
die am Morgen gekommen war,
um ihre gelesenen Bücher zurückzubringen.

Als die Truppen kamen,
als sie das Magazin renovierten,
als sie ihr mehr und mehr neue Bücher brachten,
als wollten sie sie mit einer
neuen Sprache füllen,
mit neuer Freude sozusagen,
stand sie immer noch da und sagte etwas,
versuchte verständlich zu sprechen,
versuchte überzeugend zu wirken.

Wer hat ihr damals zugehört?
Wen haben ihre Worte interessiert?
Es ist hoffnungslos, sich hinter der großen
toten Literatur zu verstecken,
wenn man Menschen gegenübersteht,
die in den Tod gehen.
Hoffnungslos,
unfair.

Hauptsache, ich habe meine Dichter nicht verraten,
dachte sie, ich habe sie bestimmt nicht verraten.

Dachte sie, sagte es aber nicht laut.
Sie hatte Angst.
Bedankte sich.
Stand am Regal
mit den toten Dichtern
wie an einer Heizung,
die längst keinen mehr wärmt.

8

Auf der Dorfstraße
wurde eine Gasleitung getroffen.
Eine Bruchstelle, eine Gefahrenstelle.

Der Notdienst kommt nicht:
bei Gefechten rückt keiner aus.
Du rufst sie an, und sie schweigen,
sagen nichts,
als hätten sie dich nicht verstanden.

Im Laden, neben dem Brot von vorgestern,
liegen Trauerkränze.
Niemand ist auf der Straße –
fast alle sind weg.

Niemand steht an.
Weder beim Brot
noch bei den Kränzen.

9

Die Verleihung zieht sich hin.
Orden über Orden.
Jeder soll einen abbekommen.
Keiner geht undekoriert.

Wir treten auf die Straße
und gehen durch die sonnige Augustallee –
sollen die Orden nur verliehen,
sollen die Tapfersten nur geehrt,
sollen alle Verdienstvollen nur gewürdigt werden.

Sollen die dekoriert werden, die überlebt haben.
Sollen alle Lebenden einen Orden abbekommen.

Er sitzt auf dem Bordstein, den Kopf in die Hände
gestützt.
Tarnkleidung, Kampfstiefel, Winkel.
Über und über mit Orden dekoriert.
Dekoriert. Halbtot.

Er schaut in die Sonne,
weint ohne Tränen.

»Was ist?«, fragen wir. »Brauchst du Hilfe?«
Wortlos verneint er.
»Eine Prellung«, sagt er und hält sich den Kopf,
»eine Prellung, halb so wild.«

Als hätte er die Radiowelle des Todes erwischt,
hört er ihr jetzt zu.
Er hört und antwortet nicht.

Sollen ruhig alle gebührend geehrt werden,
die dem Schicksal vertraut haben.
Damit sie auf die Radiostimmen eine Antwort wissen,
wenn die sich in ihr Bewusstsein fressen.

Die Sonne blendet die Straße.
Der Sommer geht zu Ende.
Der Mann schaut in die holde Sonne,
die unbarmherzig
hinterm Horizont versinkt.

10

»Dafür weiß ich jetzt«, sagt er,
»wie Krieg ist.«

»Wie denn?«, frage ich ihn.
»Wie auch immer«, antwortet er.

Er redet mit Sachverstand:
nach der Gefangenschaft redet er
über die meisten Dinge mit Sachverstand.
Also voller Hass.

Er redet so, dass man ihm besser nicht widerspricht:
Er geht sowieso nicht drauf ein.
Er beharrt auf seiner Sicht
und hält das für die größte Tugend
in Kriegszeiten – auf der eigenen Sicht zu beharren,
die Sonne zu leugnen, die Gezeiten
zu leugnen.

So ist es:
Der Krieg ist wie auch immer,
so wird über ihn gesprochen:
ohne Zuschreibung.

Und wie hast du dich gefühlt:
Wie auch immer.
Wie sind sie dir begegnet?
Wie auch immer.
Wie hast du darüber geredet?
Wie auch immer.
Und wie sollen wir jetzt damit weiterleben?

IV

***

Die ganze Ewigkeit liegt vor uns.
Die Zeit, über die wichtigen Dinge zu reden.
Durch die Risse im Luftgewebe stechen die
Sonnenstrahlen.
Endlich kommt er nach Hause.
Wie lange ist er fort gewesen? fragt sie.
Keine Zeit, das von irgendwem Geschriebene noch einmal
zu lesen.
Keine Zeit für Zweifel und Selbstbescheidung.
Die Zeit wächst aus dem stockenden Atem,
aus dem erstickten Sprechen, aus dem Berühren der
nackten
Schultern, die Zeit besteht aus Staunen und Freude.

Er erzählt ihr von den wichtigen Dingen,
Dingen, die ihre Schultern kräftig,
ihre Knie klangvoll machen.
Die Zeit besteht aus Schweigen und Atem,
aus dem Lauf der Planeten, aus der Bewegung, mit der sie
ihr Haar richtet.

Es kommen Stunden der Einsicht und Müdigkeit,
es kommen Stunden des langen Zögerns.
Noch ist nicht Zeit, sich von wichtigen Dingen
loszusagen,
nicht die Zeit, an der Wahrhaftigkeit des Lichts zu
zweifeln.
Es ist Zeit, zu lieben und zu schweigen,

es ist Zeit, zu lieben und zu hören,
zurückzukehren, zu glauben und zu lieben.

Die ganze Ewigkeit wartet.
Die ganze Welt dreht sich um die Sonne.
Das Meer schwappt des Nachts aus den Fluren.
Ein Paar schwere Männerstiefel liegen vor dem Bett
wie Boote, ans Ufer geworfen
nach einer langen Reise.

***

Unbedingt den Kälteeinbruch erleben.
Unbedingt zwischen zwei Herbstbäumen stehen
wie zwischen zwei Frauen:
die Schwere der ganzen Welt wiegt nichts gegen
die Last der Lindenallee,
die unterm Silberhimmel
des Novembersonntags auskühlt.

Unbedingt das Ende eines weiteren
glücklichen Jahres erleben:
Die geschriebenen Gedichte haben nichts erklärt,
die geschriebenen Gedichte haben nichts verändert,
schon gar nicht hat die Dichtung sich selbst verändert –
sie bleibt unzugänglich und erklärungsbedürftig
wie ein vom Arzt ausgestelltes Rezept:
Sprache, heile uns diesen Herbst,
heile unsere Unfähigkeit, den anderen zu verstehen,
wir alle haben die Chance, davonzukommen,
wir alle haben die Möglichkeit, dieses Mal zu entkommen.

Unbedingt die Plätze mit den verlassenen Bäumen im
Gedächtnis behalten:
die Krankenstation des Morgenhimmels,
Straßenhunde, die Sonnenblumen gleichen –
sie drehen ihre Köpfe nach der Herbstsonne,
wenden den Blick nicht ab von ihrer
Vollkommenheit.

Die geöffnete Tür schließen,
die angefangenen Bücher weglegen,

dich kann nur die Sprache heilen,
nur die Sprache mit ihren komplizierten
Liebeserklärungen.
Von nun an kennst du dich mit Raureif aus,
kannst Licht und Dämmerung trennen,
du Frau, die einem Baum gleicht,
du Frau, die einem Gedicht gleicht.

***

Die tiefe Welt der Freude und Bäume,
die Welt des Goldenen Schnitts der von Kindern
getrampelten Pfade,
die Welt der Sorge, die aus der Ruhe erwächst,
gräbt sich mühsam in den Winter wie der Spaten in die
Märzerde.

Wer denkt denn jetzt an die zugefrorenen Teiche?
Wer kümmert sich denn jetzt um die Obdachlosen,
die den Wildgänsen am Ufer gleichen:
sie sind geblieben, um zu überwintern,
und ihre Lungen zerfallen wie trockenes Weinlaub.

Die Tage sind jetzt so, dass du mit dem Kalender kaum
nachkommst.
Ein kurzer Lichtbogen von Finsternis zu Finsternis.
Ein kurzer Aussetzer der Vögel am Winterhimmel.
Musik, die auf der Kurzwelle keinen Platz hat.

»Doch genug geklagt«, sagen sich die
Wildgänse am Winterstrand, »halten wir zusammen,
wärmen wir uns an unserem Gänseglauben.«
Die Welt hinterlässt einen Nachgeschmack von Linde und
Freude.

Den Wintertagen ohne Schnee
wie den Gedichten ohne Reim
fehlt der Glanz, fehlt die Leichtigkeit,
doch es fehlt ihnen nicht der Sinn.

***

Ich schreibe, wie versprochen.
Alles ist gut, schreibe ich.
Hohes Licht steht über der Stadt,
in der ich gerade angekommen bin.
Wie es die vom Schlaf warmen Kiefern berührt.
Wie Frauenhaut,
wie schwermütige Frauenschultern
um vier Uhr morgens.

Alles ist so unsagbar gut, schreibe ich.
Der Winterhimmel
wartet hinter der Stadt
und birgt seinen zarten freien Hals
vorm Wind.

Die Welt gleicht
einer erwachsenen Frau,
betrübt von der Morgendämmerung,
betrübt und beängstigt,

und um sie zu beruhigen,
um ihr die Sorge
zu nehmen,
möchte man sich am liebsten mit Gott anlegen,
möchte rufen, Gott, machen wir es doch so,
dass dieser Frau endlich wohl wird,
dass den Seen in diesem Tal,
dass den Kiefern an diesem Ufer
wohl wird.
Darum sollst du dich doch kümmern, Gott,

oder nicht?
Das hast du doch zugesagt, weißt du noch,
davon hast du selbst gesprochen.

Aber Gott hat am Morgen
viel Wichtigeres zu tun –
er steht an einer Kreuzung,
regelt den Autoverkehr,
hilft den streunenden Hunden
die Straße zu überqueren.

Vier Uhr nachmittags.
Keiner der Hunde ist unters Auto
gekommen.
Mit ihren fröhlichen Pfoten zertrampeln sie den Schnee.
Gott ist müde.
Aber zufrieden.

***

In den warmen Charkiwer Winter,
in die blauen Abendhügel, den Felsen auf orthodoxen
Ikonen gleich.
Ehre sei euch, ihr barmherzigen Bäume in den stillen
Höfen,
Ruhm eurem Rückgrat, ihr Bäume,
das der Lithographie des Schnees standhält.

Ewiges Gedenken den schutzlosen Agitatoren der
Zärtlichkeit.
Als Wegerich-Blatt aus den Seiten
des nächtlichen Aufgangs fallen.
Sektenmitglieder, die Leidenschaft über Regeln
und Berührungen über Psalmverse stellten.

Die Zeit besteht aus Atem.
Sie muss immer die gleiche Menge
mit uns aufnehmen und mit uns abgeben.

Erinnerung besteht aus Verzweiflung.
Aus Verzweiflung und Freude.
Aus Freude.
Zuallererst.
Vor allem anderen.

***

Milizschule. September 2014.
Sie sitzen an der Wand, im Schatten, in den der
Scharfschütze nicht vordringt.
Ziegelschutt, Konservendosen, gefüllt mit Regenwasser.
Draußen vor dem Schultor Straßen, aus denen sich der
Sommer zurückzieht.

Einer sitzt zur Sonne hin, schwarz wie sein eigener
Grabstein.
Den Rücken an die heißen Kacheln der Milizschule
gelehnt.
»Sing mit uns«, lachen wir ihm zu, »was ist? Na, komm
schon!«,
sagen wir zum schwarzen Schatten, dessen Augen man
nicht sieht.

Doch er winkt ab. »Ich bin kein Sänger«, sagt er lässig,
»ich bin ein Mörder.«
»Ich bin ein Mörder«, wiederholt er, es klingt wie: »Ich
bin Briefträger,
ich arbeite als Briefträger.«
»Singt ohne mich«, sagt er lächelnd und mustert uns.
»Ihr singt, ich höre zu und halte Wache.«

Der schwarze Herbst 2014. In den Schulkasernen sitzen
Freiwillige.
Auf den Feldern vor der Stadt faulen die Sonnenblumen
und die Gefallenen.
Die Sonne ist heiß wie eine Melone in der verbrannten
Schwarzerde.

»Singt ohne mich«, sagt er müde,
und alle singen.

In seinem Rücken die Stadt mit den zerbombten Schulen.
In seinem Rücken das Feld,
von dem schon die zweite Woche keiner die Gefallenen
räumt.
In seinem Rücken die Sonne, die Sonne des frühen
Septembers,
eine erstarrte Sonne, die hier keinen mehr wärmt.

Er schaut zu uns und sieht Bäume in unserem Rücken.
Rote Kiefern im glitzernden Sand.
In unserem Rücken ist nur süßer Nebel.
In unserem Rücken ist kein Toter.

Wir können ihn noch so oft ansingen,
können ihn noch so oft in unsere Runde rufen,
ihn mit unseren Stimmen aus der Dunkelheit ziehen,
wir werden nie wieder mit ihm singen,
die verlorene Stimme schmerzt wie ein abgetrenntes Glied.

Die Sonne steht über den roten Kiefern.
Wir wissen genau, woraus unsere Geschichte gemacht
wird.
Die Geschichte ist der Schatten, den die Lebenden werfen.
Und der Schatten, den die Toten werfen, das ist auch
Geschichte.

***

Und wer soll ihnen sagen, dass alles vorbei ist,
dass sie ihre Sachen packen, ihre schlichten
Habseligkeiten
in Kisten werfen sollen, ihre Pullis und Hemden,
in denen die Traurigkeit und die Freude der letzten zehn
Jahre stecken?

Zeit zu packen, Matrosen, Zeit zu packen, Krieger.
Die Tore, die ihr zehn Jahre gestürmt habt, sind endlich
gefallen.
Der Krieg ist vorbei, an den Mauern wachsen neue
Schwalbennester.
Die Kinder der gefallenen Kämpfer lachen im Hafen den
Fremden zu.

Die Sonne blendet die Augen der Vögel über der
unterworfenen Stadt.
Der Mahlstein Geschichte dreht sich in den Lungen der
Luft.
Zeit heimzukehren, ihr Helden, Zeit zusammenzupacken.
Der Krieg ist aus, der Krieg ist vorbei.

Sie stehen an den ausgebrannten Häusern, an den
schwarzen Mauern
und haben keine Kraft, die Körper ihrer Gefallenen
zurückzulassen,
keine Kraft zuzugeben: ja, es ist vorbei,
der Krieg ist aus, wir müssen die Schiffe besteigen,
unsere Sachen packen.

Gleichmäßig schlagen die Wellen ans Ufer.
Wartet auf Rückenwind, ihr Helden,
nehmt Abschied von den Gefallenen.
Das Ende der Zeiten ist da, das Ende der Geschichte bricht an.
Mit Lehm kitten die Schwalben die zerbrochene Zeit.

Doch Sommerfluten kennen keine Pause.
Eine Geschichte geht zu Ende, die nächste beginnt.
Sie stehen da und spüren den Atem der Zeit,
zwischen Tod und Leben,
zwischen Krieg und Rückkehr,
zwischen Ilias und Odyssee.

***

Ich weiß, wie schwer es für euch alle ist.
Wie trostlos der smaragdgrüne Winterkosmos scheint.
Wie schutzlos, wie einsam ihr euch fühlt.
Und wie sehr euch vor allem die stören,
die eure Seelen heilen wollen.

Ach, diese traurige, traurige Welt der erwachsenen einsamen Menschen.
Nichts lässt sich in Ordnung bringen, nichts lässt sich raten.
Keiner lässt sich aus der Schlinge ziehen und wiederbeleben.
Es lässt sich höchstens drüber schreiben,
es lässt sich Literatur daraus machen.

Ehe ich also deine Existenz leugne, Herr.
Ehe ich mit schwefeliger Skepsis deine Himmel entzünde.
Ehe ich deine spärlichen Gaben brüsk zurückweise.
Will ich dir für die Reimlexika danken.

Ich danke dir, dass man in dieser Welt der Prinzipienfesten und Entschlossenen,
derer, die sich selbst in eine Falle treiben, nur um sich später
die Hinterpfote abzubeißen, vor Empörung wütend aufzuheulen,
in der Welt all jener, die immer etwas zu sagen haben,
die niemals schweigen können,
wenigstens reimen kann,
damit dann ebendiese Reime kritisiert werden können.

***

Inzwischen
geht die nächste Geschichte zu Ende.
Die Schatten auf den Märzhügeln werden länger,
das Licht nimmt weiter zu,
es kommt die Illusion auf,
dass diesmal alles anders wird,
dass die Geometrie des Sonnenstaubs
und die Alchimie des Atems
das Ihrige leisten
und dieses Jahr mit seinem frühen Grün in Erinnerung
bleibt,
dass der Regen überraschend kommt
wie Gedichte
von Poeten,
die in ihre Frauen verliebt sind.

Leider ist nichts umsonst,
und so kommt die Zeit, für all das Verantwortung zu
übernehmen,
für all das zu zahlen
an die Zöllner, die auf unsere
Einsamkeit eine schwarze Steuer erheben.

Auf den Balkonen der Hotels
hinterlassen wir
trockene Rosenstängel der Leidenschaft,
wir hinterlassen tiefe Risse
in der Bronzehaut.

Inzwischen mahlen
die Steine der Gerechtigkeit,
laufen Gottes Mühlen,
werfen Sonnenstaub
über die Märzstadt.

Hebt die Hand,
die ihr eure Seele verkaufen wolltet
für eine glückliche Liebe,
euch aber mit dem Vermittler nicht einig geworden seid;
hebt die Hand, die ihr das
nie wagen würdet;
und auch ihr anderen hebt die Hand –
die ihr einfach die Vertragsbedingungen fragwürdig
fandet.

Inzwischen
läuft die Sonne weiter,
bleibt die Zeit nicht stehen,
kleben unsere Herzen
wie Schwalbennester
unter den Vordächern der Liebe.
Gottes Mühlen müssen lange, lange laufen.
Gottes Mühlen müssen lange, lange laufen.
Sie werden lange, lange laufen ...

***

Solange aus alldem noch keine Gedichte entstanden sind
und die wundervolle Morgensonne sich nicht
in die orthographischen Wörterbücher zwängen lässt,
solange wir das Leben nehmen
wie die Musik, die wir am
warmen goldenen Fenster aufschnappen,
Musik, die die dunkelhaarige Frau morgens hört,
wenn sie ihre Post liest,

so lange sind auch wir und ihr, ja – sogar wir und ihr,
angeschlossen an dieses Schauspiel,
an den verborgenen Lauf der Sonne über den hohen Linden
aus östlichen Gefilden,
vorbei am tückischen Luftstrom,
der die Stimmen der Radiomoderatoren verbreitet
wie eine Erkältung,

so lange halten wir uns an die Radiowellen
wie an religiöse Überzeugungen,
so lange glauben wir an den Ton, den jemand verloren hat,
und wissen nur eins:

Es ist nicht ratsam, umzuschalten von den Wellen,
die dich halten,
nicht ratsam,
es ist nicht ratsam, die Motive zu vergessen,
die dich stark machen,
nicht ratsam,
und es ist nicht ratsam, auf die eigene Stimme
zu verzichten.

Wir haben ja nur Freuden in dieser Welt –
den Gesang der betrogenen Operntenöre,
mit ihren verwundeten Herzen
wie fauligen Orangen.
Wir haben nur die Pflicht –
das Wichtigste zu teilen:
unsere Stimme,
unsere Empfindsamkeit.

Mag der nächste Frühling kommen.
Mag uns der Optimismus peinlich sein.
Mögen die Stängel des Schilfrohrs
wie Antennen
das Wichtigste aus der Luft filtern –
Rhythmus und Vergebung,
mögen sie wachsen,
mögen sie
die symphonische Märzmusik
einfangen.

Editorische Notiz

Die vorliegende Auswahl hat der Autor für den Suhrkamp Verlag zusammengestellt.

Sämtliche Texte erscheinen hier erstmals auf Deutsch.

Die Gedichte des ersten Teils wurde dem 2020 erschienenen Band *Spysok korabliv. Novi virši 2018-2019* [Schiffsverzeichnis. Neue Gedichte 2018-2019] entnommen.

Die Gedichte des zweiten Teils entstammen dem Band *Antena* [Antenne], der 2018 auf Ukrainisch erschienen ist.

Der vorangestellte Text, »Das Telefonverzeichnis der Toten«, wurde für unseren Band verfasst.

Übersetzerin und Verlag danken Juri Durkot und Sofiya Onufriv für ihre Beratung.

Inhalt